日本の有名一族

近代エスタブリッシュメントの系図集

小谷

GS
幻冬舎新書
056

まえがき

美術史学者の勅使河原純の『花のピカソと呼ばれ――華道を超えていった宗匠・勅使河原蒼風の物語』（フィルムアート社、一九九九）は、著者の勅使河原氏が、講演などで自己紹介をする際、「華道草月流の家元さんとは、直接は関係ありません」と付け加えるという話から始まっている。そして、

　ここで大切なのは、さりげなくつけ加えられた「直接は」の一言だ。実際には、およそまったく関係ないのだが、この一言によって聴衆は、「直接には関係がなくても、ひょっとすると遠い親戚かもしれない」とか、「人にはちょっと言えないような後暗い関係かもしれない」などと勝手に想像の羽根を伸ばす自由さを保証されることになる。（略）伝統芸能にしっかりと結びついた、茶道や華道の家元という言葉には、どことなく「血のよどみ」のような生臭い人間的な響きが似合うではないか。

実際、純氏がこの本でこのようなことを書かなければ、人は恐らく、純氏と勅使河原蒼風、またその子の、家元で映画監督でもある勅使河原宏との何らかの関係を想像しただろう。なお巻末には、勅使河原という苗字が武蔵七党のなかにあり、蒼風と純氏とがどこから派生したか、おおよその見当が書かれている。

私は、子供の頃から、系図を見たり作ったりするのが好きだった。小学生の頃買ってもらった百科事典「ジャポニカ」には、「藤原氏」などが、「ふじわらうじ」といった項目のもとに載っていて、そこに系図がついていたのをたいそう興味深く眺め、中学生になって海音寺潮五郎や司馬遼太郎の歴史小説を読むようになると、登場人物の系図をノートに作成した。たった二人の親子関係でも、系図にした。あまり系図が広がりすぎると、鉛筆書きのそれを消して書き直した。夫婦関係は二重線分で示すのが私の方式だったので、その後、かすがい形で夫婦関係を示す系図を見ると、自分と方式が違う、と苛立ったりした。

最近になって、人物伝への興味が増してきて、おいおい系図作りの趣味も復活し、書類のあちこちに文学者の系図などが挟まれるようになった。『谷崎潤一郎伝』を書いたとき、類書の中でも多く系図を入れたのは、この系図好きのせいでもある。

系図作りは楽しい。ある人物の生没年が分からないとか、ここで言及されているのはどういう姻戚関係なのか分からないとかいう時、文献を漁って見つけた時の嬉しさは格別なものがある。今回、谷崎伝を書いた時には分からなかった、別役実の祖母「マラバー夫人」の名を、別役の年譜で見つけたときも嬉しかった。

そういうのを集めて一冊の本にしたい、というのが、本書作成の動機である。読者が、この本をどう読むかは、自由である。「ああ、所詮、この世は血筋なんだ」「上のほうの人たちは結局こうしてつながっているんだ」「閨閥（けいばつ）で結びついていてけしからん」などと悲観的、批判的に読んでも、「わあ素敵、誰それと誰それは親戚なのね、華麗だわ」「ああ俺も有名人の家族の娘と結婚したい」などと野次馬的、野心的に読んでもかまわない。

私自身は、親戚に一人の有名人も、有名でなくともその世界では偉い人なども、一人もいない。だから単純に、野次馬的な興味でこういうものを作っただけだが、有名人の家族の手記など読んでいて、あまりの豪華さと余裕に嫉妬もしたものだ。子供の頃、野口英世の話などを聞いて、偉い人はみんなこんな風に貧しい中から身を起こしたんだろうと信じていて、のちに、そうでもない、つまり名をなした人がけっこういい家の出であることが多いのを知って、裏切られたような気持ちになったこともある。

さて、勅使河原純氏の話のように、姻戚関係が「ある」ことではなく、「ない」こともまた、時おりは示す必要が生じる。それは解説文中で折に触れて書いたが、たとえば朝吹登水子の叔母に園田京子というピアニストがいて、私は近年亡くなったピアニストの園田高弘との関係を想定したのだが、調べたところ、無関係であることが分かった。

なお有名人の縁戚でも、簡単には生没年が分からないことがある。たとえば文献に「昭和十八年、五十五歳で死去」とあっても、数え年なら没年から五十六引けばいいが、満年齢で誕生日後なら五十五、前なら五十四引くことになるから、前後三年のずれが生じる。これは『谷崎潤一郎伝』を書いた時もずいぶん苦労したが、ここでは徹底調査の暇もないので、適宜数え、満で推量して計算しているため、プラス‐マイナス一年の誤差が生じている場合がある。

参考文献は、家族、親族による回想の類を優先して載せ、ついで最新の良い評伝、あるいは入手の容易な評伝を載せたが、親族関係を確認するためのものもあり、関心をもった読者が読書を広げる便宜のためのものもあって、筆者が全てに目を通したわけではない。

また古典藝能の世界で、巷間「六世中村歌右衛門」のような表現が流通しているが、本来は「六代目」であり、「六世」の類は明治以降、坪内逍遥が「リチャード三世」などから流用して使われ始めたのではないかという説があり、ここでは用いなかったことをお断りしておく。

日本の有名一族／目次

■系図凡例

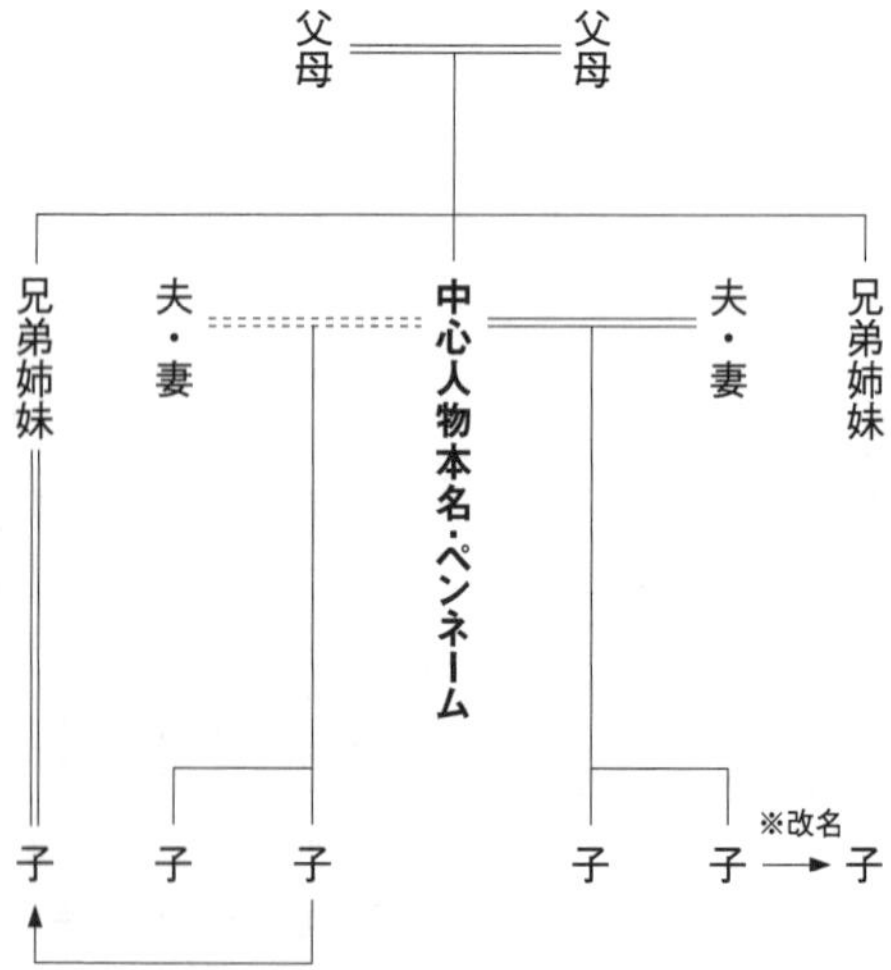

■ ヨコの二重線 ═══ は婚姻関係
■ ヨコの点線の二重線 ┅┅┅ は内縁関係
■ タテの二重線 ‖ は養子縁組
■ 中心人物は太字
■ 兄弟姉妹は原則として右から生まれの早い順

第一章　政財界の華麗なる血脈

大久保利通、吉田茂、麻生太郎の一族

大久保利通は、薩摩藩の下級武士として生れ、西郷吉之助（隆盛）とは近所で幼なじみだった。通称を正助、後に一蔵と改めた。ペリー来航後の幕末期、大久保は西郷と協力して藩主の父・島津久光を動かし、維新の大業をなし遂げた。長州の木戸孝允（桂小五郎）とともに維新の三傑と言われるが、下級公家の岩倉具視の力も大きかった。維新の時、大久保は三十八歳。明治政府で、参議、ついで事実上の政府指導者である内務卿を務めた。征韓論をめぐって西郷が下野し、士族の乱が相次ぎ、遂に西南戦争が起きて西郷を討ち平らげたが、翌年、紀尾井坂で不平士族に邀撃され、殺された。日本人は妙に西郷隆盛が好きだが、大久保こそ、近代日本の基礎を作った人として、もっと評価されるべき人物である。

利通には、正妻との間に四男一女、妾との間に四男があった。次男は牧野家へ養子に行き**牧野伸顕**となり、東大中退、外務省に入り、県知事、外交官を経て大臣を歴任し、内大臣として昭和初年の天皇を補佐したが、二・二六事件の際襲撃され、からくも逃げ延びた。その娘雪子の夫となったのが、外交官だった**吉田茂**で、吉田は土佐の民権運動家**竹内綱**の五男で、竹内は自由党に属して処罰を受けたが、その後衆議院議員、実業家となった。茂は吉田家へ養子に行

■大久保利通の一族

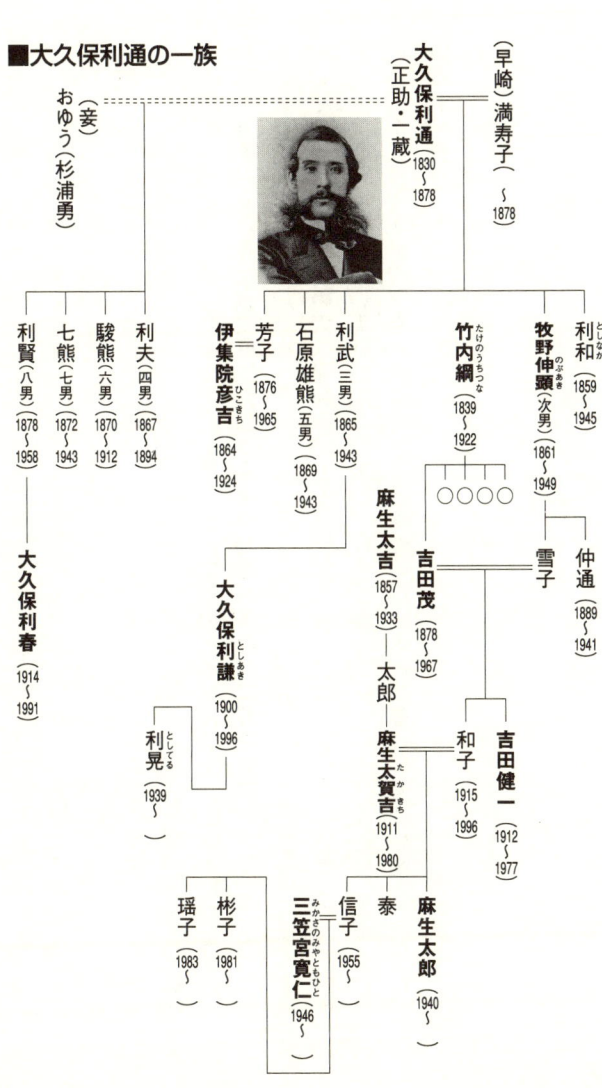

（早崎）満寿子（〜1878）

大久保利通（正助・一蔵）（1830〜1878）

（妾）おゆう（杉浦勇）

利和（としなか）（1859〜1945）

牧野伸顕（のぶあき）（次男）（1861〜1949）

竹内綱（たけのうちつな）（1839〜1922）

○○○○

利武（三男）（1865〜1943）

石原雄熊（五男）（1869〜1943）

芳子（1876〜1965）＝伊集院彦吉（ひこきち）（1864〜1924）

利夫（四男）（1867〜1894）

駿熊（六男）（1870〜1912）

七熊（七男）（1872〜1943）

利賢（八男）（1878〜1958）

仲通（1889〜1941）

雪子＝吉田茂（1878〜1967）

麻生太吉（1857〜1933）―太郎―麻生太賀吉（たかきち）（1911〜1980）

大久保利謙（としあき）（1900〜1996）

大久保利春（1914〜1991）

吉田健一（1912〜1977）

和子（1915〜1996）

利晃（としてる）（1939〜　）

麻生太郎（1940〜　）

泰

信子（1955〜　）＝三笠宮寛仁（みかさのみやともひと）（1946〜　）

彬子（1981〜　）

瑶子（1983〜　）

ったが、戦後自由党総裁として長く首相を務め、サンフランシスコ講和条約を結んで日本を独立に導いた。国会で答弁中に「バカヤロー」と叫んで解散になったと思っている人が多いが、叫んだのではなく呟いたというのが真相である。

茂の息子**吉田健一**は、英国駐在の父に従って英国ケンブリッジ大学を中退、英文学者、評論家として、独特の文体で活躍し、今もファンが多い。その妹和子は、筑豊の大実業家**麻生太吉**の孫で、九州財界の領袖にして衆議院議員、政財界のパイプ役だった**麻生太賀吉**（たかきち）に嫁し、その長男が現在の自民党代議士**麻生太郎**である。娘の信子は、**三笠宮寛仁**（みかさのみやともひと）に嫁した。

大久保利通の長男利和（としなか）には子がなかったので、三男利武が養子になって大久保家を継いだが、その子が歴史学者の**大久保利謙**（としあき）である。日本近現代史を、戦中から戦後まで、皇国史観にも民衆史観にも傾かない実証的手法で扱い、高い評価を受けている。利通の一人娘芳子は、後に外相を務める**伊集院彦吉**（ひこきち）に嫁いだ。末子利賢の子**大久保利春**は、丸紅（まるべに）専務として、ロッキード事件で逮捕された。

福沢諭吉、朝吹登水子、野依良治の一族

二年前に八十八歳で逝去した**朝吹登水子**（あさぶきとみこ）は、サガンやボーヴォワールの翻訳で知られ、ほかに自伝的小説や随筆も書き、女性翻訳家、パリ文化人の草分け的存在だったが、その祖父**朝吹英二**は、三井の四天王の一人と言われた実業家である。英二は豊前（ぶぜん）に生まれ、尊皇攘夷思想に染まって、明治三年、開明派の**福沢諭吉**暗殺を考えたが実際に会って改心、以後、福沢と、その姉の子である**中上川彦次郎**（なかみがわ）の恩顧を受け、慶応義塾に学び、三菱商会を皮切りに、鐘淵紡績（かねがふち）、王子製紙など三井系会社の重役を務めた。

福沢についていては今さら説明の必要はないが、その子孫は繁栄していない。息子たちがいるにもかかわらず、諭吉は娘ふさの婿養子として岩崎家から**福沢桃介**を迎え、実業で成功したのは桃介だった。本来「とうすけ」だが、「ももすけ」と呼ばれることもある。桃介の実妹は歌人の**杉浦翠子**（すいこ）で、画家**杉浦非水**（ひすい）の妻である。桃介は電力事業で成功し電力王と呼ばれたが、俳優川上音二郎の妻だった**川上貞奴**（さだやっこ）と結婚前から愛人関係にあり、結婚後も関係は続き、妻ふさとの関係は冷えていった。杉本苑子の小説『冥府回廊』は、福沢ふさの苦悩を中心に描かれている。

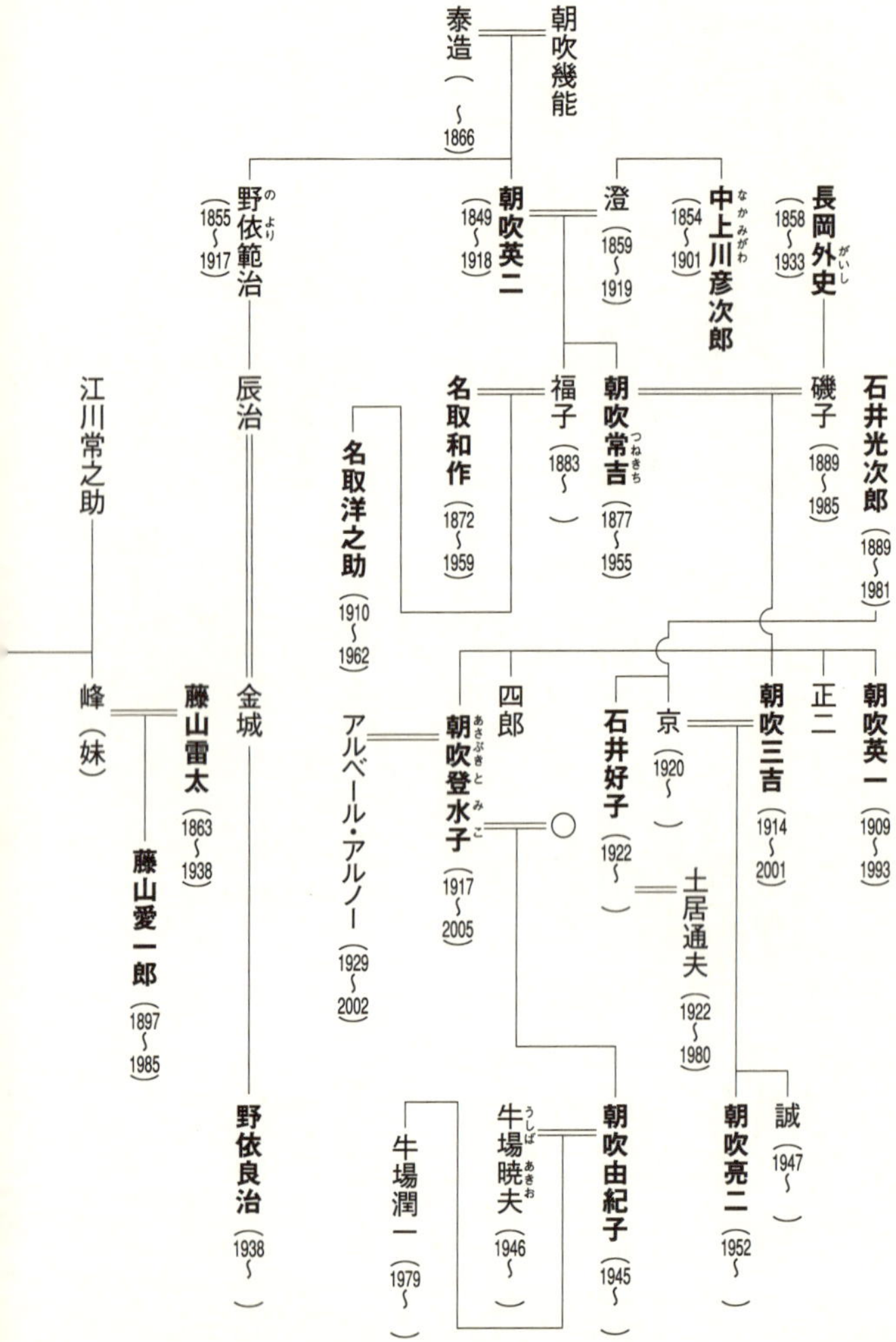

朝吹幾能
泰造（〜1866）
長岡外史（1858〜1933）
中上川彦次郎（1854〜1901）
澄（1859〜1919）
朝吹英二（1849〜1918）
野依範治（1855〜1917）
石井光次郎（1889〜1981）
磯子（1889〜1985）
朝吹常吉（1877〜1955）
福子（1883〜）
名取和作（1872〜1959）
名取洋之助（1910〜1962）
辰治
江川常之助
朝吹英一（1909〜1993）
正二
朝吹三吉（1914〜2001）
京（1920〜）
石井好子（1922〜）
土居通夫（1922〜1980）
四郎
朝吹登水子（1917〜2005）
○
アルベール・アルノー（1929〜2002）
金城
藤山雷太（1863〜1938）
峰（妹）
藤山愛一郎（1897〜1985）
誠（1947〜）
朝吹亮二（1952〜）
朝吹由紀子（1945〜）
牛場暁夫（1946〜）
牛場潤一（1979〜）
野依良治（1938〜）

■福沢諭吉の一族

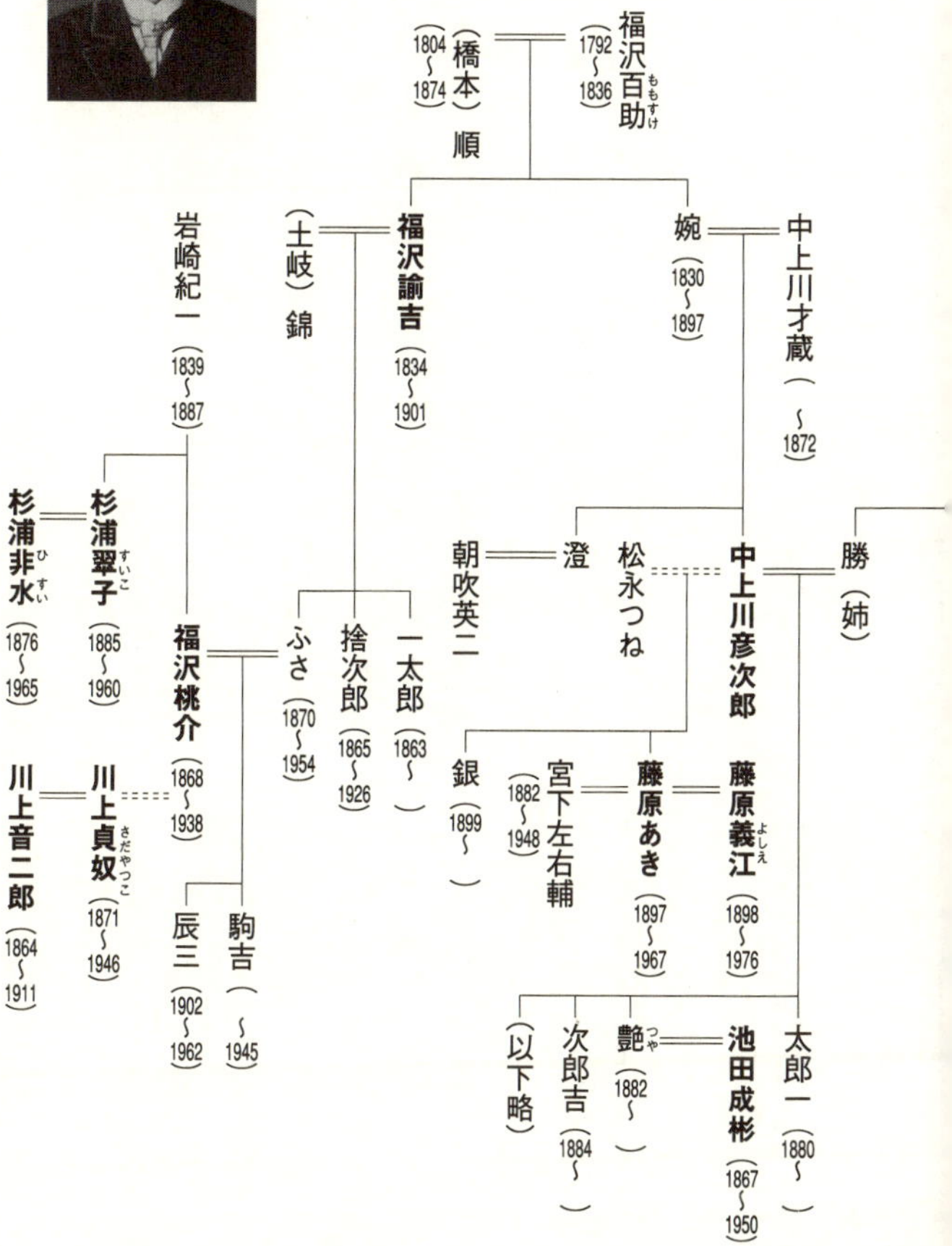
福沢百助（ももすけ）（1792〜1836）
（橋本）順（1804〜1874）
婉（1830〜1897）
中上川才蔵（〜1872）
福沢諭吉（1834〜1901）
（土岐）錦
岩崎紀一（1839〜1887）
勝（姉）
中上川彦次郎
松永つね
澄
朝吹英二
一太郎（1863〜）
捨次郎（1865〜1926）
ふさ（1870〜1954）
福沢桃介（1868〜1938）
杉浦翠子（すいこ）（1885〜1960）
杉浦非水（ひすい）（1876〜1965）
川上貞奴（さだやっこ）（1871〜1946）
川上音二郎（1864〜1911）
駒吉（〜1945）
辰三（1902〜1962）
銀（1899〜）
宮下左右輔（1882〜1948）
藤原あき（1897〜1967）
藤原義江（よしえ）（1898〜1976）
太郎一（1880〜）
池田成彬（1867〜1950）
艶（つや）（1882〜）
次郎吉（1884〜）
（以下略）

朝吹英二の弟範治は野依家へ養子に入ったが、その子辰治の養子金城の子が、ノーベル賞を受章した化学者**野依良治**である。

英二の娘福子は**名取和作**に嫁いだ。名取は慶応卒の実業家で、母校の教授をした後、富士電機社長、時事新報社長、貴族院議員などを歴任した。その息子が、写真家の**名取洋之助**である。英二の息子**朝吹常吉**も実業家で、やはり慶応卒、英国留学ののち日銀、三井物産、鐘淵紡績を経て三越常務。その妻磯子の父は陸軍軍人で飛行機技術者の**長岡外史**である。常吉の長男**朝吹英一**は、木琴（ビブラフォン）の研究家として知られる。末娘が登水子で、三兄で、慶大フランス文学教授だった**朝吹三吉**と仲がよく、いくつか共訳をしている。登水子は初め日本人と結婚し、由紀子を産んだが、のちフランスの実業家アルベール・アルノーと結ばれた。しかし登水子が晩年に書いた自伝三部作（『私の軽井沢物語』『私の巴里物語』『私の東京物語』）は、庶民とはかけ離れたブルジョワの生活を描いていて、こういう育ちのお嬢さんがサルトルやボーヴォワールと親しかったのかと思うと鼻白むものがある。三吉の次男**朝吹亮二**は詩人、フランス文学者で、慶大法学部教授。由紀子の夫牛場暁夫は現在慶大文学部仏文科教授で、あたかも一族で慶応のフランス文学を牛耳っているようである。

中上川彦次郎の家系もまた華麗で、妻の妹の夫は**藤山雷太**で、佐賀生れ、慶応卒で、佐賀県議会議長を経て三井に入り、王子製紙を乗っ取り、その後各企業重役を転々とした後大日本製糖社長、東京商工会議所会頭を務め、貴族院議員、そのグループは藤山コンツェルンと言われた。その息子が**藤山愛一郎**で、岸信介と親しく、戦後、自民党代議士として岸内閣の外相を務め、総裁選に三度挑んで敗れた。

彦次郎の娘艶（つや）が嫁いだのが**池田成彬**である。これも慶応を経てハーヴァード卒業、三井銀行に入って筆頭常務、三井合名会社常務理事、日銀総裁、近衛内閣で蔵相、戦後、A級戦犯の容疑をかけられた。「しげあき」が正しい読みだが、一般に「せいひん」と呼ばれる。

彦次郎には妾がおり、その女児の一人が、後の**藤原あき**である。あきは初め、眼科医学者で阪大教授になった宮下左右輔（そうすけ）に嫁いだが、昭和三年、オペラ歌手の**藤原義江**（よしえ）と駆け落ちして世間の轟々たる非難を浴びつつ、義江と結婚した。義江は私生児で、母は藝者、父は英国人だったがすばらしい美貌で人気があり、藤原歌劇団を結成して日本製オペラの定着に努めた。しかしあきとはその後離婚、あきはテレビのクイズ番組で人気が出、参議院全国区でトップ当選、初のタレント議員と言われた。義江とあきの物語は古川薫の直木賞受賞作『漂泊者のアリア』が巧みに描き出している。

明暗こもごも、聖俗入り混じる、不思議な一族である。

犬養毅、道子の一族

昭和五年、五・一五事件で凶弾に倒れた首相**犬養毅**の名は、「たけし」「こわし」「つよき」などと呼ばれ、一定しない。号は木堂（ぼくどう）で幕末、備中の生れである。その子**犬養健**も、一般に「けん」と呼ばれるが「たける」で、はじめ白樺派の小説家として出発したが、父の死後政治家に転じた。戦後自由党に属し、吉田内閣の法務大臣を務めていた際、一九五四年の造船疑獄で法相としての指揮権を発動して自由党幹事長の佐藤栄作の逮捕請求を阻止した。超法規的な措置だったため、健は翌日法相を辞任した。

健の長女が評論家の**犬養道子**で、津田英学塾を中退、戦後英国、フランスに留学し、帰国後の一九五六年、『お嬢さん放浪記』を書いて話題となり、以後、キリスト教徒の立場にたつ著作多数、難民、飢餓問題に取り組み続けている。道子の母仲子の父は、医師長与称吉（ながよしょうきち）で、肥前（佐賀）出身の蘭方医**長與専斎**（せんさい）の長男である。専斎は明治期医学界の中心人物だった。その三男**長与又郎**は病理学者で、東京帝大総長を務め、四男**岩永裕吉**は実業家で、同盟通信社社長、貴族院議員。五男**長与善郎**（よしろう）は白樺派の作家で、「青銅の基督」「竹沢先生と云ふ人」などで知られる。

■犬養毅の一族

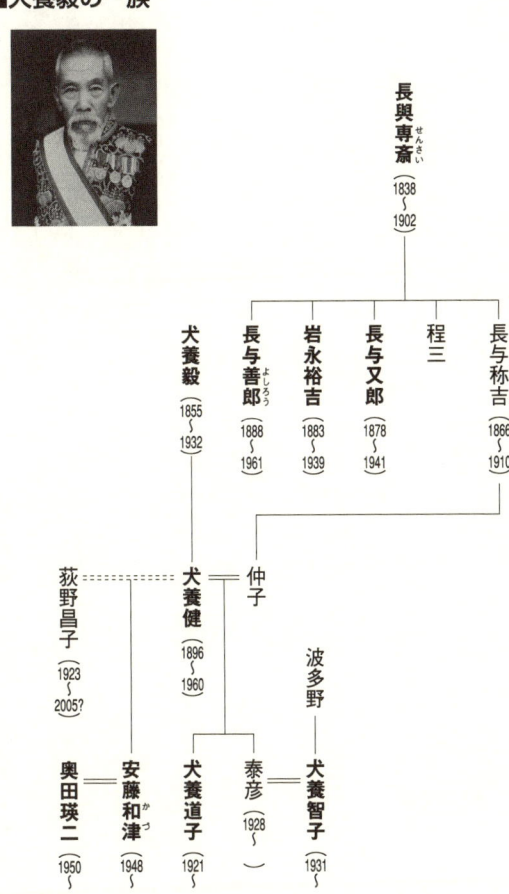

長與専斎（せんさい）（1838〜1902）

長与称吉（しょうきち）（1866〜1910）
程三
長与又郎（1878〜1941）
岩永裕吉（1883〜1939）
長与善郎（よしろう）（1888〜1961）

犬養毅（1855〜1932）

仲子
犬養健（1896〜1960）
荻野昌子（1923〜2005?）

波多野

犬養智子（1931〜　）
泰彦（1928〜　）
犬養道子（1921〜　）
安藤和津（かづ）（1948〜　）
奥田瑛二（1950〜　）

健の長男泰彦の元の妻が、エッセイストの**犬養智子**である。また健が、料亭「をぎの」の女将（おかみ）となった藝妓の荻野昌子に生ませた子が、キャスター、エッセイストで、俳優**奥田瑛二**夫人として知られる**安藤和津**（かづ）である。のちに健に認知されている。

近衛文麿、細川護煕の一族

近衛家は、摂政・関白職を独占してきた五摂家の一つである。いずれも藤原道長の子孫で、他に一条、二条、九条、鷹司家があるが、氏は藤原であって、これらは苗字ではないが、明治以後は正式な姓となった。従って近衛家系図は中臣鎌足まで遡ってしまうので、文麿の曾祖父から始める。**近衛忠熙**は基前の子で、安政五年、関白に準ずる内覧となるが、安政の大獄で謹慎、文久二年、関白となるが公武合体の方針をとったため尊皇攘夷派に排斥され辞任した。その子**近衛忠房**は慶応三年、左大臣、維新後明治政府に仕えた。その子**近衛篤麿**はドイツに留学して貴族院議長を務め、アジア主義を唱えて東亜同文会を結成した。加賀藩主**前田慶寧**の姫である衍によって長男**近衛文麿**を儲けたが、衍が早世したためその妹貞を娶り、次男**近衛秀麿**らを儲けた。

近衛文麿は、明治以後、旧摂関家で初めて首相を務めた人物だが、若くして政治に関心を持ち、貴族院議員から議長を務め、軍部の専横のなか輿望を担い、四十代で首相となったが、いったん辞職したのち復帰、しかし結果的に太平洋戦争への道を開いてしまったとして、敗戦後自殺した。弟の近衛秀麿は音楽家となり、ＮＨＫ交響楽団の前身の新日本交響楽団を作った。

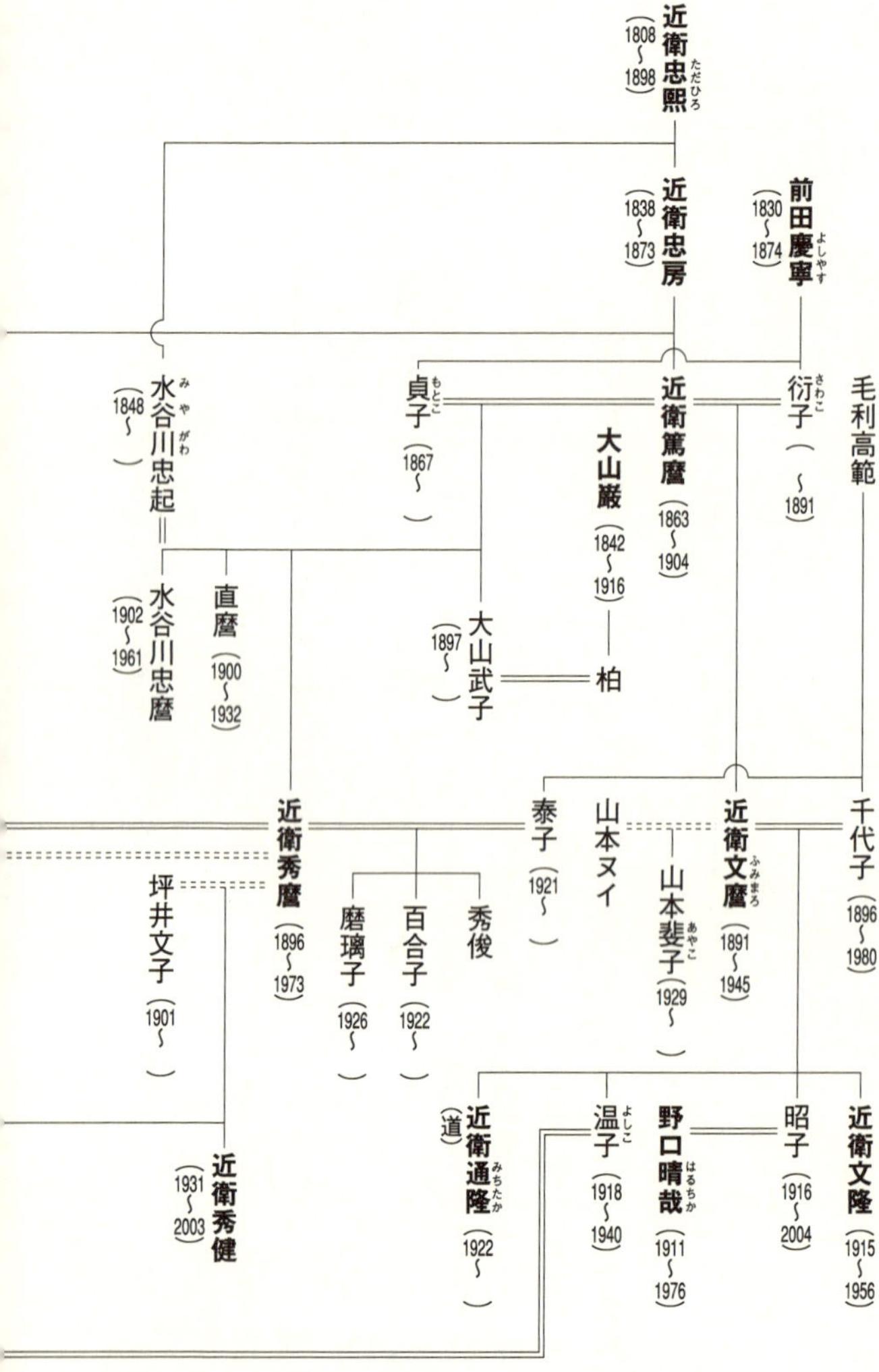

近衛忠熙（1808〜1898）
近衛忠房（1838〜1873）
前田慶寧（1830〜1874）
毛利高範
衍子（〜1891）
近衛篤麿（1863〜1904）
大山巌（1842〜1916）
貞子（1867〜）
水谷川忠起（1848〜）
柏
大山武子（1897〜）
直麿（1900〜1932）
水谷川忠麿（1902〜1961）
千代子（1896〜1980）
近衛文麿（1891〜1945）
山本斐子（1929〜）
山本ヌイ
泰子（1921〜）
近衛秀麿（1896〜1973）
秀俊
百合子（1922〜）
磨璃子（1926〜）
坪井文子（1901〜）
近衛文隆（1915〜1956）
昭子（1916〜2004）
野口晴哉（1911〜1976）
温子（1918〜1940）
近衛通隆（道）（1922〜）
近衛秀健（1931〜2003）

■近衛文麿の一族

細川護久（1839～1893）
護成（1868～1914）
細川護立（もりたつ）（1883～1970）
細川護貞（1912～2005）
細川護熙（もりひろ）（1938～）
佳代子（1942～）
護光（1972～）
近衛忠煇（ただてる）（1939～）
寬子（やすこ）（1944～）
三笠宮崇仁（みかさのみやたかひと）（1915～）
津軽英麿（ふさまろ）（1872～1919）
泰子（1872～）
義孝
華子（1940～）
昭和天皇
常陸宮正仁（ひたちのみやまさひと）（1935～）
永井和子（1933～）
雅楽
澤蘭子（1903～2003）
曄子（1940～1945）
水谷川忠俊（みやがわ）（俊健）（1935～）
佐喜子
陽子
優子

文麿の長男**近衛文隆**は敗戦後ソ連に抑留されて帰国が叶わぬまま没した。その生涯は西木正明の伝記小説『夢顔さんによろしく』に詳しい。長女昭子は**野口晴哉**（はるちか）に嫁いだ。野口は整体指導者で野口整体を創始した。次女温子（よしこ）は**細川護貞**に嫁いだ。護貞の祖父**細川護久**は、幕末に熊本藩主世子（せいし）、明治三年家督を継いで知藩事（ちはんじ）、その四男**細川護立**（もりたつ）は貴族院議員、美術研究家として知られた。その子護貞は、近衛内閣首相秘書官を務めて戦争期の政局に当たり、戦後は実業家、細川家蔵の美術品を「永青文庫」として設立。

文麿、秀麿ともに正妻のほかに子があり、文麿は山本ヌイに女児を産ませ、秀麿は「色魔」とも言われて、妾ともいうべき坪井文子との間に**近衛秀健**と水谷川（みやがわ）忠俊を儲けた。秀健は宮内庁式部職楽部指揮者を務めた。また女優**澤蘭子**も愛人で、しかし間に生れた女児は、敗戦後、満州で夭折した。正妻泰子との離婚後、永井和子と再婚している。

細川護貞と近衛家の温子の間にできたのが**細川護熙**（もりひろ）である。熊本県知事を務めたあと、日本新党を結成して国会議員となり、一九九三年、連立内閣首相として四十年にわたる自民党政権を一時的に途絶させたが、翌年辞任、その後政界を引退した。「近衛の孫」と言われるのは母方の系脈による。近衛文隆の客死によって近衛家が断絶したので、護熙の弟忠煇（ただてる）が近衛家を継いでいる。文隆の弟の**近衛通隆**（みちたか）は東大史料編纂所教授を務めたが、学者としての業績はないに等しい。

鳩山一郎、由紀夫、邦夫の一族

一九八〇年頃、多数の日本人が自分を「中流」だと思っているという調査が明らかにされ、「一億総中流」などと言われた。今ふたたび階層分化が進んでいるなどと言われているが、もともと「中流」という語が誤解されていたのだ。英国では、中流と下層の違いは、使用人がいるかいないかであって、団地に住んでいる中流などというものがあるわけがなく、せめてローンのない持ち家がなければ中流とは言えない。ならば上流とは何かというに、王侯貴族のことで、だから戦後日本では、皇族か旧華族でもなければそうは言えないだろう。だが、鳩山家だけは、上流と呼んでもいい気がする。

鳩山和夫は、美作(みまさか)勝山藩（三浦氏）藩士の家に生まれ、東京開成学校（東大の前身）、コロンビア大学、エール大学に学んで弁護士となり、外務省に勤めて、帝大教授を経て衆議院議員、議長、早大総長を歴任した法学者、政治家である。妻の**鳩山春子**は信州松本藩（真田家）藩士の家に生まれ、東京女子師範学校に学び、のち共立女子職業学校を設立して校長を務めた女子教育家である。

和夫の子が戦後首相を務めた**鳩山一郎**で、立憲政友会から衆議院議員、文相を務め、戦争には抵抗し、戦後自由党を結成するが、組閣寸前に公職追放になり、追放解除後、吉田茂と角逐して日本民主党を結成、総裁となり、首相に就任、のち保守合同で自民党初代総裁となった。その弟**鳩山秀夫**は民法学者で東京帝大教授、大正十五年辞職して弁護士、さらに衆議院議員になった。その妻は箕作一族の菊池大麓の娘である。鳩山一郎の子が外相を務めた政治家**鳩山威一郎**で、その妻はブリヂストンタイヤの創設者**石橋正二郎**の娘。その長男が民主党党首を務めた**鳩山由紀夫**、次男が、民主党を離れた自民党代議士**鳩山邦夫**だが、今のところ、一郎に継いで首相になる可能性は低い。

■鳩山一郎の一族

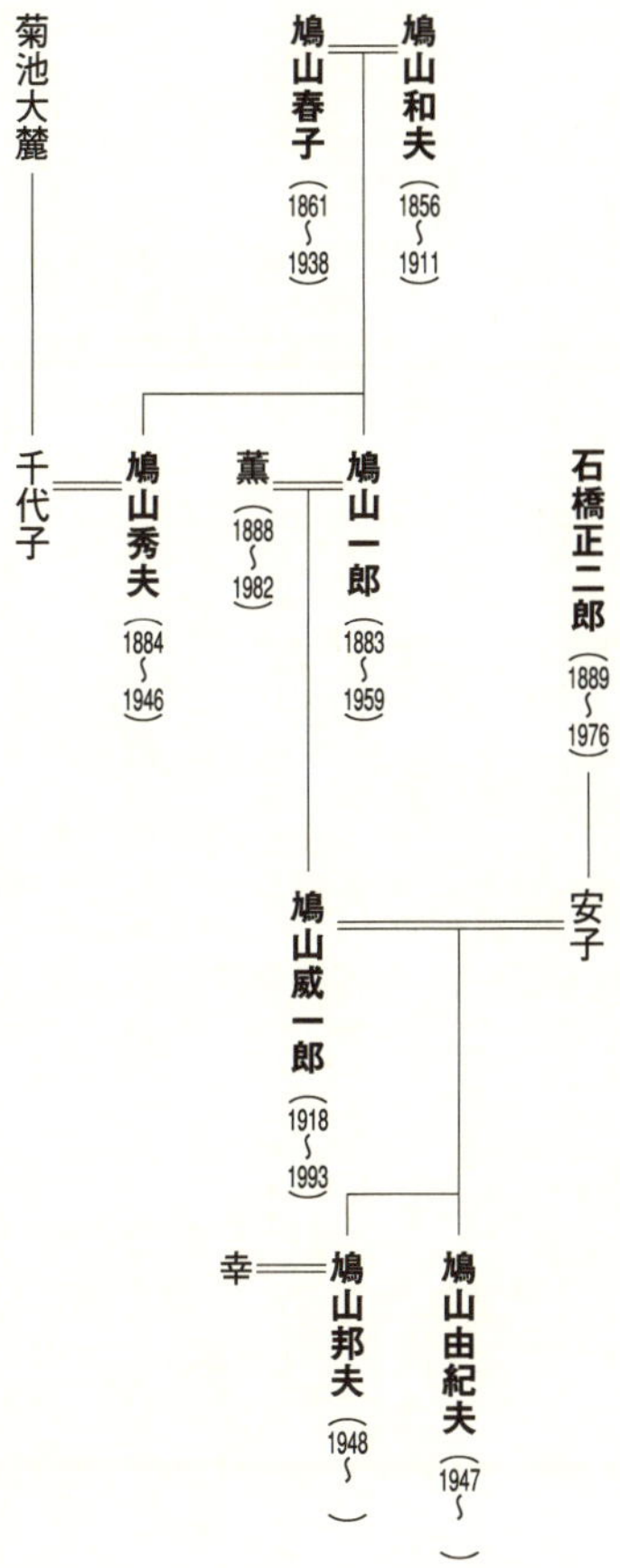

鳩山和夫
（1856〜1911）
鳩山春子
（1861〜1938）
菊池大麓
石橋正二郎
（1889〜1976）
鳩山一郎
（1883〜1959）
薫
（1888〜1982）
鳩山秀夫
（1884〜1946）
千代子
安子
鳩山威一郎
（1918〜1993）
鳩山由紀夫
（1947〜 ）
鳩山邦夫
（1948〜 ）
幸

渋沢栄一、澁澤龍彦の一族

近代日本の実業家として名高い**渋沢栄一**は、武蔵国血洗島（埼玉県深谷市）の渋沢一族の出身だが、ここには十七軒の渋沢家があり、本家「東ノ家」のほか、「中ノ家」「西ノ家」などがあり、栄一の父市郎右衛門は本家の二代目渋沢宗助の子として生れ、中ノ家へ養子に入った。栄一は従兄で義兄の**尾高惇忠**らと尊皇攘夷運動を起こそうとしたが一橋家に仕官、徳川昭武の使節団一行に従ってパリに行き、その後実業家として日本近代を支えた。長男篤二は藝妓遊びの末廃嫡され、その子**渋沢敬三**が渋沢家を継いだ。敬三は民俗学のパトロンで、アチックミューゼアムを設立して民俗学を支援した。敬三の妻登喜子の兄は、外交官の**木内良胤**、経済評論家で吉田茂のブレーンだった**木内信胤**である。木内兄妹の母は岩崎弥太郎の娘で、この方面から系譜が広がっており、近代日本最大の閨閥の一つと言えよう。敬三の長男**渋沢雅英**は、社会運動家、東南アジア研究など幅広く活躍した。栄一の三男は実業家で随筆家の**渋沢秀雄**である。

また栄一の長女歌子は刑法学者の**穂積陳重**に嫁いだ。陳重の弟は、民法制定に反対した保守派の法学者**穂積八束**、陳重の子**穂積重遠**は民法学者で家族法の権威、その子**穂積重行**は英国史専攻の学者で、その妹が、若い頃宮中に仕え、北朝和歌の研究で知られる、鶴見大学教授だった**岩佐美代子**である。

尾高の子次郎は漢学者・実業家で、栄一の娘と結婚、その息子らが、長男**尾高豊作**は地方教育家、次男**尾高朝雄**（ともお）は法哲学者、東大教授、三男**尾高鮮之助**は東洋美術の研究者、四男**尾高邦雄**は社会学者・東大教授、五男**尾高尚忠**（ひさただ）は作曲家で、今も尾高賞にその名を残しており、尚忠の長男**尾高惇忠**は曾祖父と同名の作曲家、次男**尾高忠明**はよく知られた指揮者である。

本家の子孫が作家の**澁澤龍彦**で、本名龍雄、最初の妻だったファンタジー研究家の**矢川澄子**は、教育学者**矢川徳光**の娘。龍彦の妹**澁澤幸子**（さちこ）は紀行文家として活躍中。

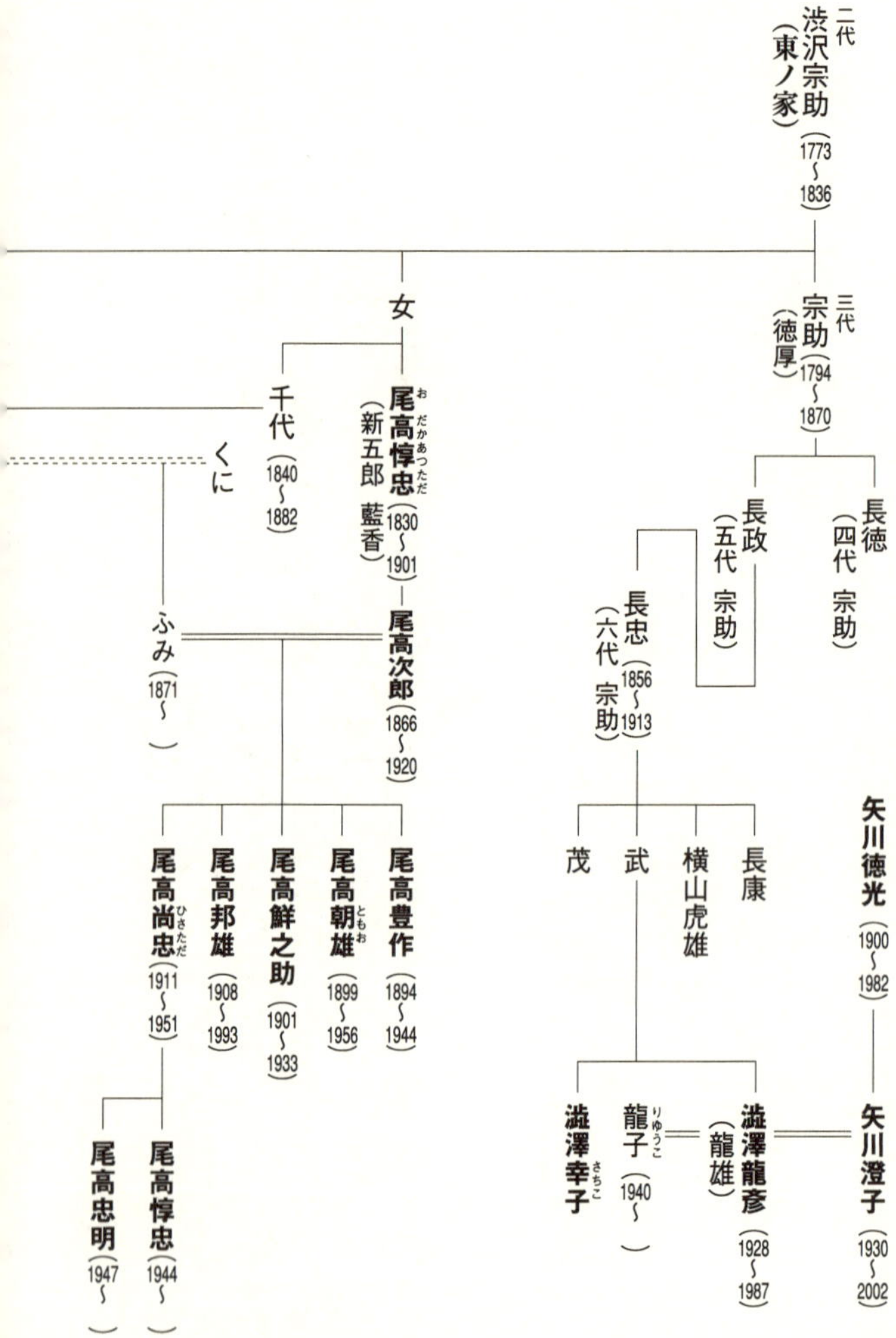

二代 渋沢宗助（東ノ家）（1773〜1836）
三代 宗助（徳厚）（1794〜1870）
長徳（四代 宗助）
長政（五代 宗助）
長忠（六代 宗助）（1856〜1913）
長康
横山虎雄
武
茂
矢川徳光（1900〜1982）
矢川澄子（1930〜2002）
澁澤龍彦（龍雄）（1928〜1987）
龍子（1940〜 ）
澁澤幸子
女
尾高惇忠（新五郎 藍香）（1830〜1901）
千代（1840〜1882）
くに
尾高次郎（1866〜1920）
ふみ（1871〜 ）
尾高豊作（1894〜1944）
尾高朝雄（1899〜1956）
尾高鮮之助（1901〜1933）
尾高邦雄（1908〜1993）
尾高尚忠（1911〜1951）
尾高惇忠（1944〜 ）
尾高忠明（1947〜 ）

■渋沢栄一の一族

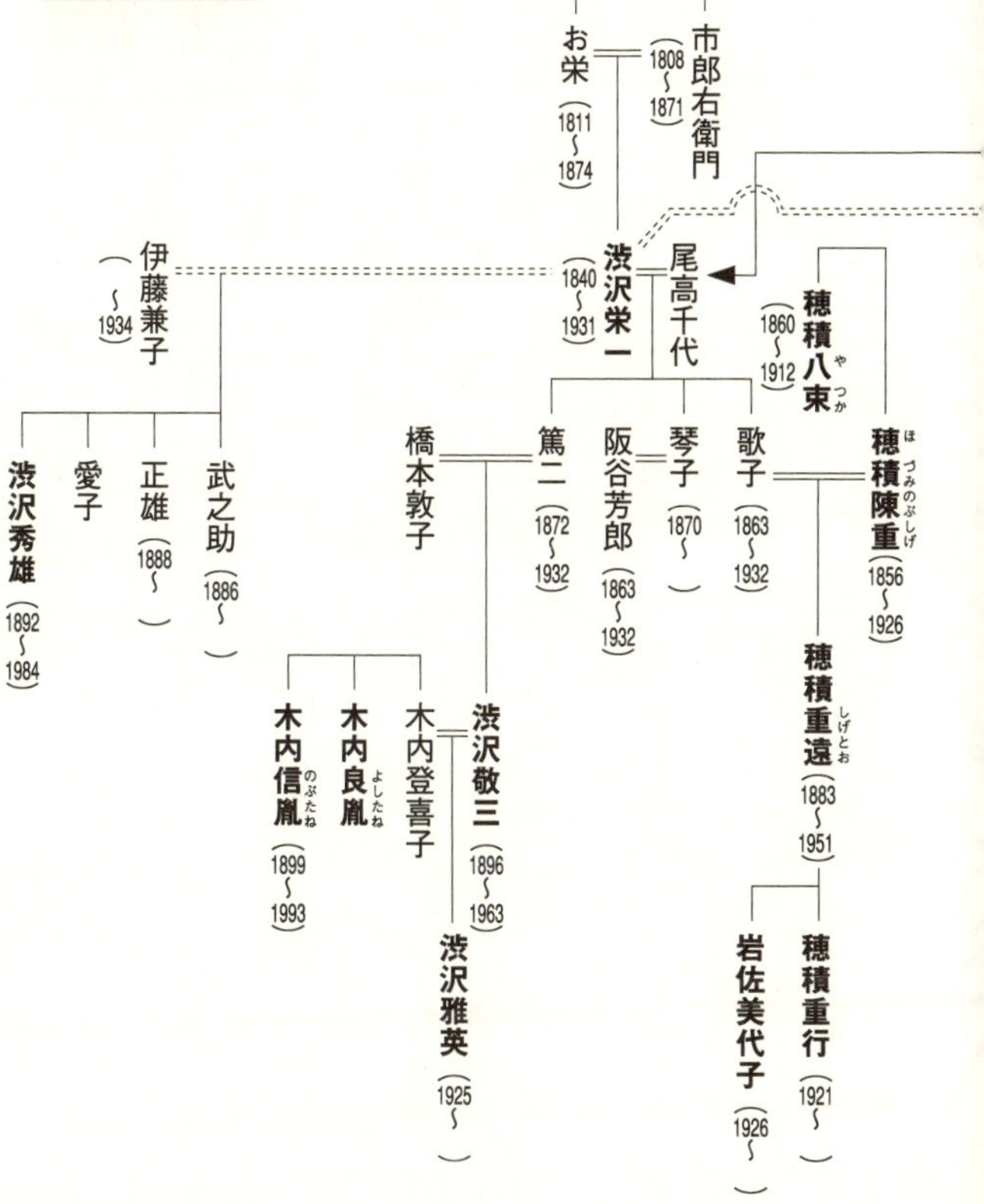

（中ノ家）
市郎右衛門（1808〜1871）
お栄（1811〜1874）
渋沢栄一（1840〜1931）
尾高千代
伊藤兼子（〜1934）
穂積八束（やつか）（1860〜1912）
穂積陳重（ほづみのぶしげ）（1856〜1926）
歌子（1863〜1932）
琴子（1870〜）
阪谷芳郎（1863〜1932）
篤二（1872〜1932）
橋本敦子
武之助（1886〜）
正雄（1888〜）
愛子
渋沢秀雄（1892〜1984）
穂積重遠（しげとお）（1883〜1951）
穂積重行（1921〜）
岩佐美代子（1926〜）
渋沢敬三（1896〜1963）
木内登喜子
木内良胤（よしたね）
木内信胤（のぶたね）（1899〜1993）
渋沢雅英（1925〜）

牛肉屋いろはの木村一族

明治期、東京に「いろは」という牛肉店があった。各所に支店があり、店主**木村荘平**の妾たちが支店長を務めていた。荘平は伏見の生れで、商人として神戸で成功し、大警視川路利良の庇護を得て東京へ進出、新興の牛肉店を広めたが、最初の妻は京都に置き去りにし、内妻岡本政に長女栄子を産ませた。これが後の女性作家**木村 曙**である。それから荘一、荘二の二男が早世した後、後継者となった荘蔵ができた。ついで四の字を避けて命名されたのが**木村荘太**であり、以後、荘五、荘六から荘十三まで、七、八人はいる妾と次々に子を作り、その全貌は不明である。女児は当初、林子、清子などの名をつけていたが、途中から六、七、八、九女、十女、士女、十二から十七まで、安易な名をつけた。

しかしその男子のうちに、名をなす人物が幾人もあった。荘太は文学を志して、第二次『新思潮』同人となり、谷崎潤一郎と親しくしたが、谷崎が華々しくデビューしたのに対し、伊藤野枝が辻潤と同棲しているのを知らずに恋文を送りつける事件を起こし、それを描いた「牽引」は私小説の始まりの一つとする説もあるが、その後「新しき村」に参加した後農耕生活に入り、昭和二十五年、自伝『魔の宴』(筆名艸太)の刊行直前に自殺した。異母妹、清子への禁断の愛などを赤裸々に綴ったこの書は、もっと文学的に評価されるべきである。

最も名を挙げたのは画家になった**木村荘八**(しょうはち)で、岸田劉生とともにフュウザン会を起こし、のち新聞小説の挿絵画家としても活躍した。**木村荘十**(そうじゅう)は直木賞作家、**木村荘十二**(そとじ)は映画監督になった。荘六は逸早く奇術を輸入してマリニー木村と名乗り、アダチ龍光は荘六の弟子である。

荘太の娘彩子は、戦時中に東南アジアをめぐって紀行文を残し、画家の関口俊吾と結婚し、今もその孫が画家をしている。この一族は、もっと伝記作家によって調べられるべきだろう。

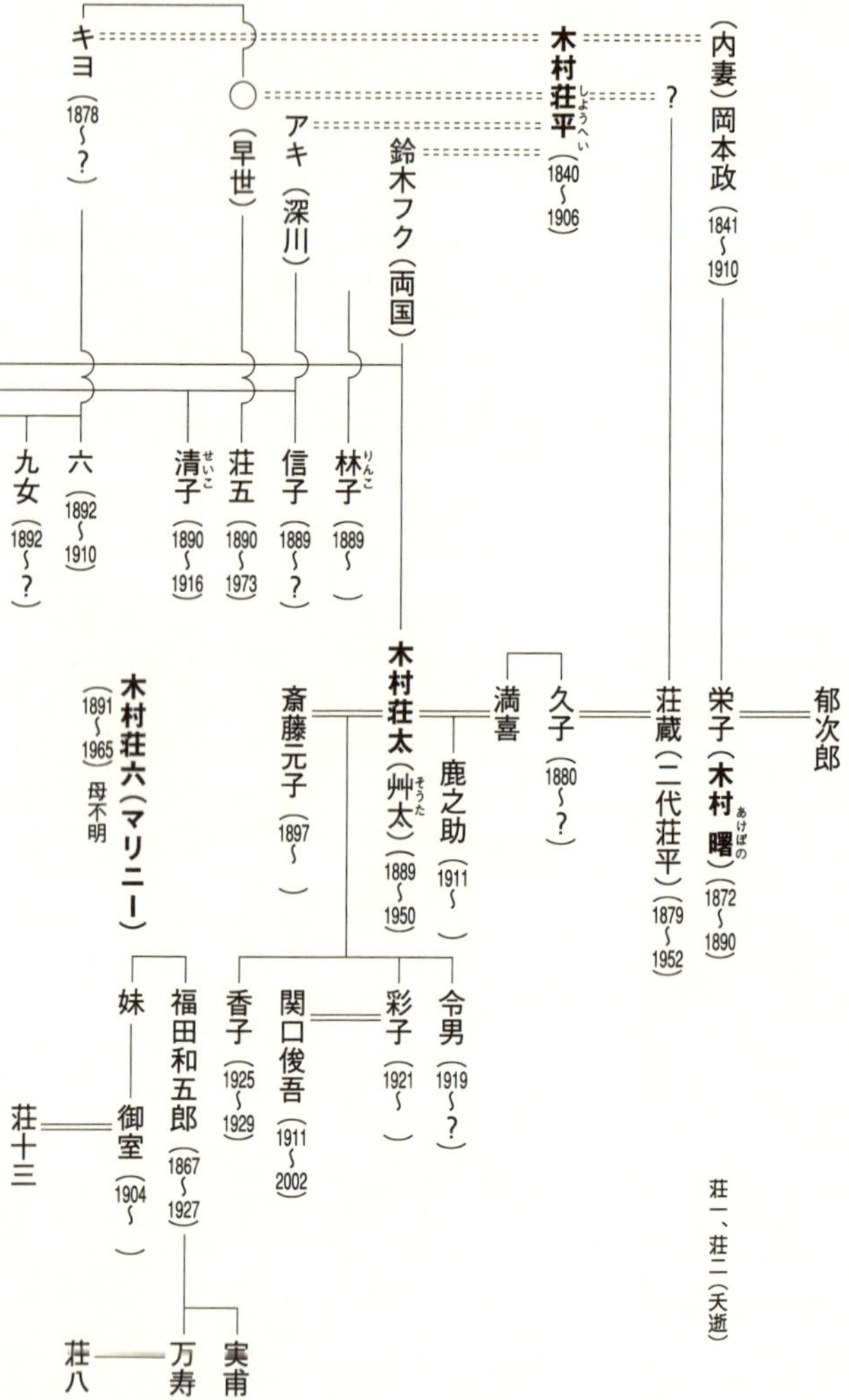

（内妻）岡本政（1841〜1910）
?
木村荘平（しょうへい）（1840〜1906）
鈴木フク（両国）
アキ（深川）
○（早世）
キヨ（1878〜?）
郁次郎
栄子（木村曙（あけぼの））（1872〜1890）
荘一、荘二（夭逝）
荘蔵（二代荘平）（1879〜1952）
久子（1880〜?）
満喜
鹿之助（1911〜 ）
木村荘太（艸太（そうた））（1889〜1950）
斎藤元子（1897〜 ）
木村荘六（マリニー）（1891〜1965）母不明
林子（りんこ）（1889〜 ）
信子（1889〜?）
荘五（1890〜1973）
清子（せいこ）（1890〜1916）
六（1892〜1910）
九女（1892〜?）
令男（1919〜?）
彩子（1921〜 ）
関口俊吾（1911〜2002）
香子（1925〜1929）
福田和五郎（1867〜1927）
妹
御室（1904〜 ）
荘十三
実甫
万寿
荘八

■牛肉屋いろはの木村一族

木村荘八（しょうはち）（1893〜1958）＝福田万寿（〜1969）

君（1898〜1945）

敏（1904〜1947）

初枝

七、八（夭逝）

荘九

十女（とめ）

三升延（〜1977）＝伊志井寛（1901〜1972）

石井ふく子（1926〜　）

士女（しめ）（〜1920）

荘士（〜1945）

木村荘十（そうじゅう）（1897〜1967）＝千鶴子

井筒万津江（八重子）

十二（とじ）

十六

十三（とみ）、十四（とよ）、十五（とい）（夭逝）

木村荘十二（そとじ）（1903〜1988）＝間英子

丸岡静江

荘十三（そとみ）

佐野十七（となな）（1904〜1970）

年表（荘太の死まで）

西暦（年次）	出来事
1841（天保12）	山城国伏見に木村庄兵衛の子として木村荘平生れる
1855（安政2）	村相撲の横綱格となり、力士小野川に入門
1857（　4）	商売を始める
1863（文久3）	伏見青物問屋仲間組合の取締役（23歳）
	結婚するが子ができず、養子荘次郎を迎える
1868（明治元）	維新、この年か、岡本政を内妻にする
1870（　3）	店を荘次郎に任せ妻を置き去りにして神戸に製茶貿易商店を開く
1872（　5）	岡本政が栄子を産む。栄町に因んでの命名
1878（　11）	上京、この頃までに先妻を離別、政を入籍
	この間、荘一、荘二生れるが早世か
1879（　12）	荘蔵生れる。母不明
1881（　14）	末、三田四国町にいろは牛肉店開業
1884（　17）	栄子、高等女学校入学、丸橋光子の教えを受ける
1888（　21）	栄子、父の命で東金から婿を迎えるがまもなく離婚
1889（　22）	栄子、木村曙として読売新聞に「婦女の鑑」を連載。荘太、林子、信子生れる
1890（　23）	十月、栄子死去、荘五、清子生れる。
1891（　24）	荘六生れる
	荘太、小学校で後藤末雄と同級となる
1893（　26）	荘八生れる、母は荘太と同じ

1897（30）	荘十生れる、母は信子、清子と同じアキ
1899（32）	荘蔵、京華中学を卒業、家業に従事する
1901（34）	荘平の庇護者星亨暗殺される
1903（36）	荘十二生れる、母はキヨ
1904（37）	荘十三生れる、母は荘太、荘八、士女と同じ
	正妻政は浅草広小路、荘平は芝浜館でキヨと共にあり、フクは両国の第八いろは支店長
1905（38）	最後の子十七生れる
1906（39）	荘平死去、荘蔵、二代目を継ぐ
1907（40）	第一次「新思潮」最終号に荘太、木村青花の名で「新生」発表
1909（42）	荘太、異母妹清子への思いを断ち満喜と結婚
1910（43）	政死去、六死去、荘太、後藤の誘いで第二次「新思潮」に参加、谷崎潤一郎と親しくなる
1911（44）	荘八、白馬会葵橋洋画研究所に学んで岸田劉生を知る
1912（大正元）	荘太、谷崎と疎遠になり、荘八とともにフュウザン会に参加
1913（2）	荘太、伊藤野枝との恋愛事件、武者小路実篤を知る
1915（4）	荘八、劉生らと草土会結成
1917（6）	荘十、渡米
1918（7）	荘太、荘五、荘八、荘十二を誘い「新しき村」に参加、荘八は二科展で樗牛賞受賞
1923（12）	荘太、成田で農耕生活に入る
1930（昭和5）	荘十二、初監督
1936（11）	荘十二監督「彦六大いに笑ふ」
1937（12）	荘八、永井荷風「濹東綺譚」挿絵担当
1941（16）	荘十、直木賞受賞、荘太の娘彩子、タイ、仏印訪問
1950（25）	荘太、自伝『魔の宴』刊行直前に縊死

堤康次郎、義明、辻井喬の一族

西武グループの創設者**堤康次郎**（やすじろう）の生涯と、その女性関係はかねてから世間の関心の的だった。滋賀県に生れた康次郎は、早大政経学部に学んで**永井柳太郎**の知遇を得、箱根開発に着手し、東急の五島慶太（ごとうけいた）と争って、後の西武鉄道である武蔵野鉄道、近江鉄道の社長を歴任し、軽井沢に広大な土地を取得して国土計画を興し、西武百貨店を作り、巨大な西武グループを作り上げた。その間、衆議院議員から議長となり、その議長時代、しばしば衆院は大荒れとなった。

康次郎の妹ふさは、永井柳太郎の甥外吉（そときち）と結婚した。柳太郎の息子が、文相、上智大教授等を歴任した教育学者の**永井道雄**である。

康次郎は三回結婚しており、最初の妻西沢コトとの間の長女淑子は小島正治郎に嫁ぎ、父の経営を支えた。ほかに、郵便局に勤めていた頃、岩崎そのとの間に長男清を儲けているが、のち廃嫡した。二人目の妻が川崎文だが、体が弱く子ができなかった。康次郎は青山操に、**堤清二**、**堤邦子**二人の子を産ませたが、文との離婚は長く成立せず、のち衆議院議長となる際、平林たい子らによってこのことが問題視され、操と正式に結婚した。ほか、石塚恒子との間に**堤**

■堤康次郎の一族

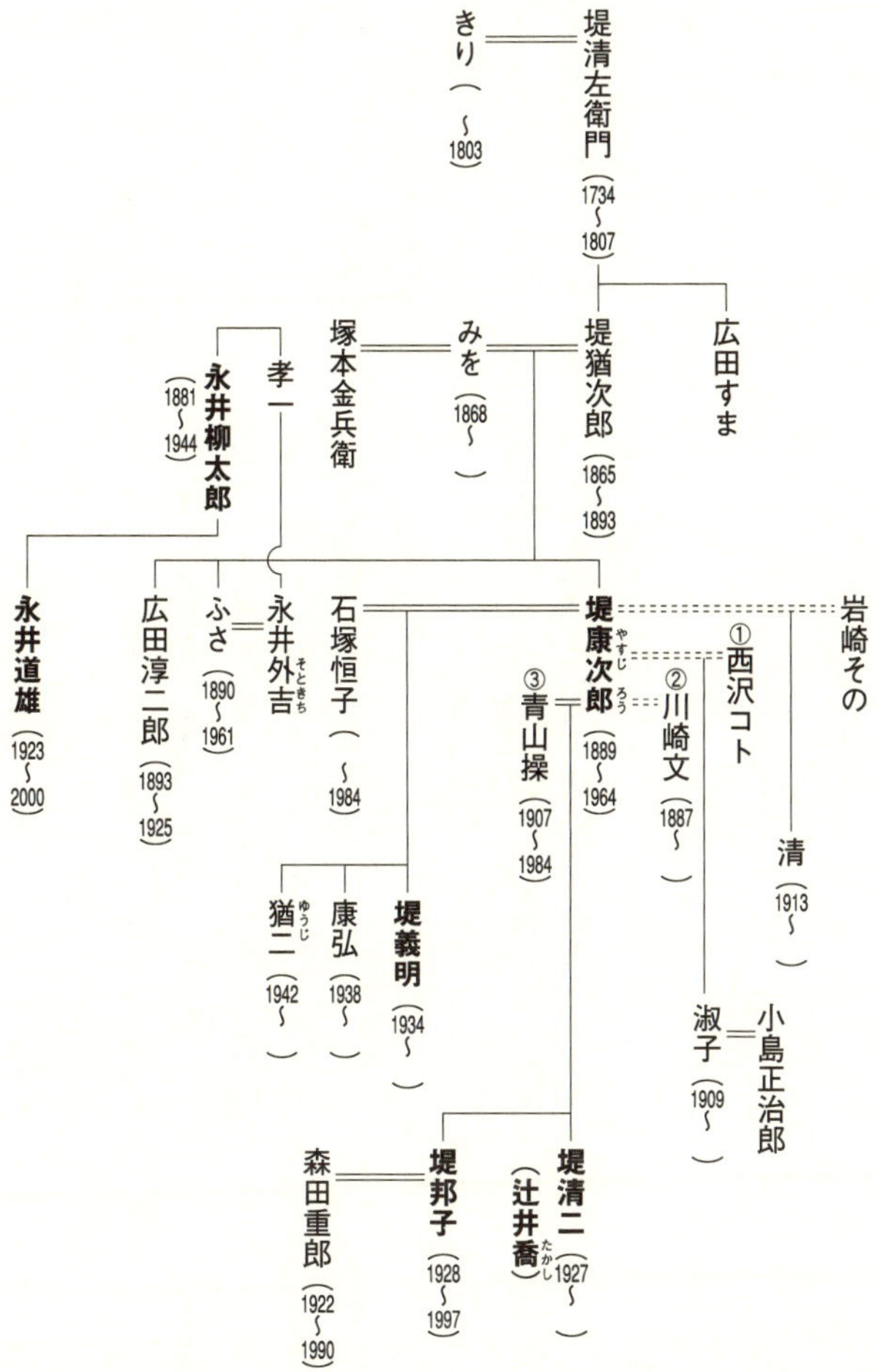

堤清左衛門（1734〜1807）
きり（〜1803）
広田すま
堤猶次郎（1865〜1893）
みを（1868〜）
塚本金兵衛
孝一
永井柳太郎（1881〜1944）
岩崎その
①西沢コト
②川崎文（1887〜）
堤康次郎（1889〜1964）
やすじろう
③青山操（1907〜1984）
石塚恒子（〜1984）
永井外吉
そときち
ふさ（1890〜1961）
広田淳二郎（1893〜1925）
永井道雄（1923〜2000）
清（1913〜）
小島正治郎
淑子（1909〜）
堤義明（1934〜）
康弘（1938〜）
猶二（1942〜）
ゆうじ
堤清二（1927〜）
（辻井喬）
たかし
堤邦子（1928〜1997）
森田重郎（1922〜1990）

義明、康弘、猶二（ゆうじ）の子がある。次男清二は、東大経済学部卒、在学中は共産党に属し、学生運動に身を投じていたが、卒業後父の秘書となり、のち西武百貨店社長となって、セゾングループを育て、一九八〇年代の文化状況に経済的な裏付けを与えた。その一方**辻井喬**（つじいたかし）の名で二十八歳の時に詩集を出し、一九六一年、詩集『異邦人』で室生犀星賞を受賞したが、自伝的小説『彷徨の季節の中で』、『いつもと同じ春』（平林たい子賞、父の女性関係を問題にした作家の名を冠した賞を貰ったわけである）などに続き、経営から退いて以後、川田順を描いた『虹の岬』で谷崎潤一郎賞、『風の生涯』で芸術選奨文部大臣賞、父を描いた『父の肖像』で野間文藝賞を受賞し、藝術院賞も受けた文壇の重鎮である。

清二の同母妹邦子は森田重郎に嫁したが、のち離婚、**堤邦子**の名でエッセイ集を二冊出している。異母弟義明は、父の死後西武鉄道社長となり、グループ総帥になったが、バブル崩壊後のグループの退潮の中、二〇〇五年、商法違反で逮捕され有罪となった。

なお辻井の『父の肖像』は、仮名小説である。関係者の姓名は全て明らかにされているのだから、実名にすべきだったと筆者は思う。

團琢磨、伊玖磨の一族

作曲家で、『パイプのけむり』シリーズを長年連載し、随筆家としても知られた**團伊玖磨**（だんいくま）は、三井財閥の総帥**團琢磨**の孫である。琢磨は旧姓神屋、東大助教授を経て三池炭鉱に勤務ののち三井の理事長となったが、血盟団事件で昭和七年、菱沼五郎に暗殺された。琢磨の長男**團伊能**が伊玖磨の父で、東京帝大哲学科卒、やはり東京帝大助教授の後実業家。その弟**團勝磨**は細胞生物学者で、東京都立大学長を務めた。伊玖磨の妹朗子はブリヂストン社長の石橋幹一郎に嫁いだ。伊玖磨の長男は西洋美術史専攻の群馬大学教授團名保紀、次男が建築家の**團紀彦**（のりひこ）である。

■團琢磨の一族

神屋宅之丞 ― 神屋琢磨（1858～1932） → 團琢磨

團尚静 ＝ 團琢磨

團琢磨の子：團伊能（1892～1973）、團勝磨（1904～1996）

團伊能の子：團伊玖磨（だんいくま）（1924～2001）、朗子

團伊玖磨 ＝ 和子（1924～　）

團伊玖磨・和子の子：團名保紀、團紀彦（のりひこ）（1956～　）

石橋正二郎 ＝ 昌子（1896～1953）

石橋正二郎・昌子の子：石橋幹一郎（1920～1997）、鳩山安子

石橋幹一郎 ＝ 朗子

小澤開作、征爾、小沢健二の一族

　小澤征爾の父**小澤開作**は戦前の植民地活動家で、山梨県の貧しい家に生れ、歯科医として満州長春(ちょうしゅん)で開業していたが、満州事変以後、関東軍参謀部に勤務、満州協和党中央事務局長を務め、東亜解放運動に従事した。三男征爾の名は、関東軍参謀板垣征四郎と石原莞爾(かんじ)からとったものである。敗戦後、板垣の弁護側証人として東京裁判に出廷している。戦後は歯科医に戻り、川崎で開業していたが、一九六五年、征爾に付き添われて、ロバート・ケネディ上院議員に会いに行き、ベトナムからの撤退を勧めたという。

　長男克己は彫刻家、次男**小澤俊夫**は、ドイツ文学のメルヘンなどの話型比較研究の第一人者で、筑波大学教授、副学長を務めた。その妻**小沢牧子**は、実業家・下河辺孫一(しもこうべまごいち)の娘で臨床心理学者、著書も多数あり、カウンセリングやセラピストの存在に疑問を呈している。俊夫の息子が、ミュージシャンの**小沢健二**である。三男が**小澤征爾**で、桐朋学園で斎藤秀雄に師事し、指揮者となった。なお秀雄の父は、明治期の英語学の重鎮**斎藤秀三郎**(ひでさぶろう)である。征爾はブザンソン国際指揮者コンクールで日本人として初めて優勝、バーンスタインに認められて若くして名をなし、三井グループの重役である**江戸英雄**の娘のピアニスト**江戸京子**と結婚するが、のち離婚。しかし日本で活動しようとした小澤は、西洋流の指揮者の振る舞いからＮＨＫ交響楽団と対立し、活動の中心を欧米に移し、ボストン交響楽団で三十年近く音楽監督を務め、その後ウィーン国立歌劇場音楽監督となった。女優の入江美樹と再婚し、娘の**小澤征良**（せいら）は文筆家、息子の**小澤征悦**（ゆきよし）は俳優として重厚な演技で知られる。四男の**小澤幹雄**はタレントとして、兄征爾のサポーター的な役割を務め、かつてＦＭラジオでクラシック番組の司会をしていた。私事ながら、学生時代にこれを聴いていた筆者は、幹雄が「幕間（まくあい）」を「まくま」と読んだため、居丈高にこれを非難する投書をしたところ、同氏より丁寧なお礼の葉書をいただき、激しく恐縮したことがある。

■小澤開作の一族

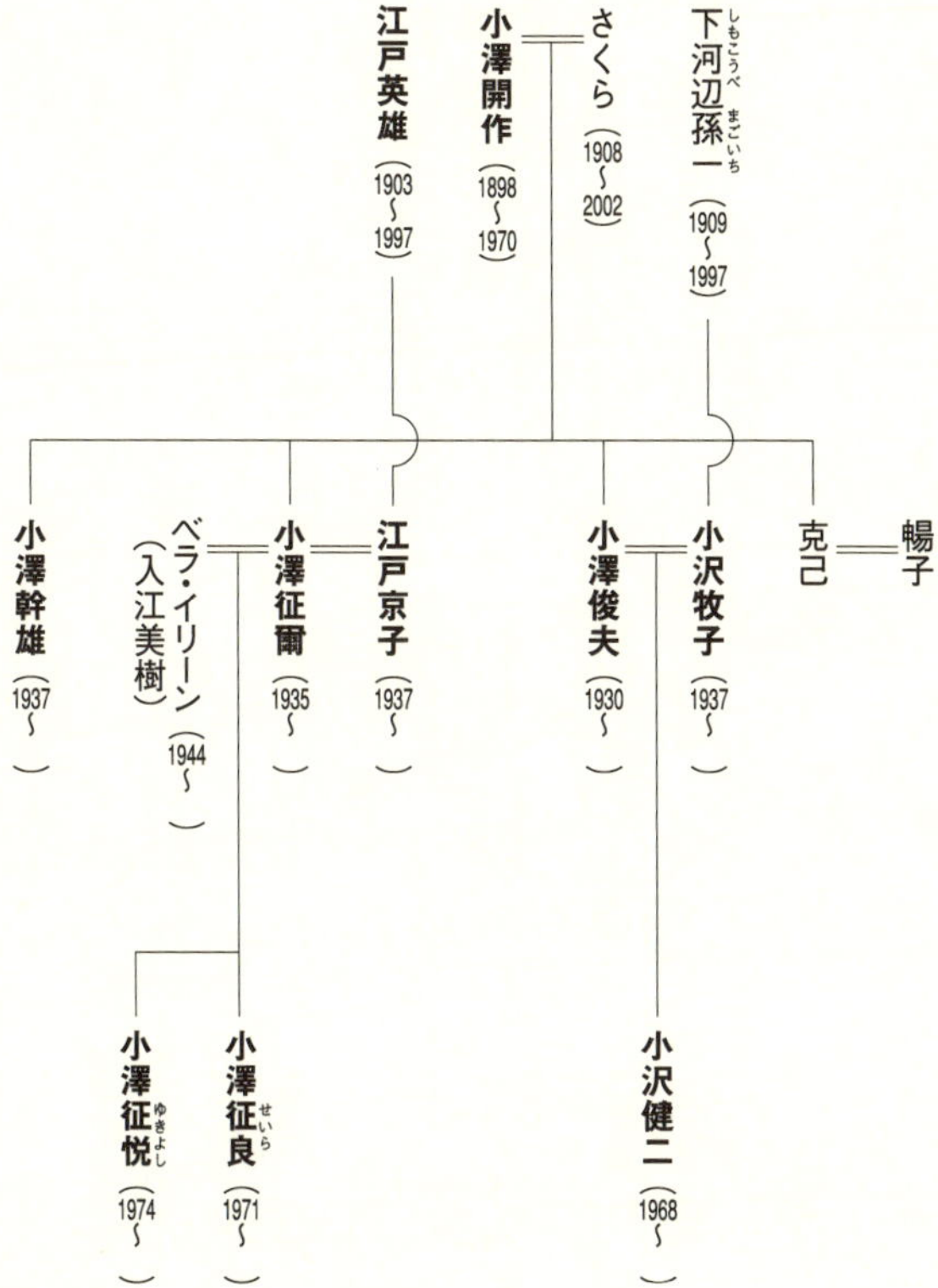
下河辺孫一（1909〜1997）
さくら（1908〜2002）
小澤開作（1898〜1970）
江戸英雄（1903〜1997）
畅子
克己
小沢牧子（1937〜）
小澤俊夫（1930〜）
江戸京子（1937〜）
小澤征爾（1935〜）
ベラ・イリーン（入江美樹）（1944〜）
小澤幹雄（1937〜）
小沢健二（1968〜）
小澤征良（1971〜）
小澤征悦（1974〜）

第二章　近代文学の祖を継ぐ者たち

坪内逍遥の一族

近代日本最初の文学者とも言うべき**坪内逍遥**は、尾張藩士族の出身で本名雄蔵。ただし現代の評論家・坪内祐三とは血縁ではない。逍遥はまだ帝国大学になる前の東京大学文学部政治学および理財学科を卒業した。まだ文科が文学・法学・経済学に分かれる前なので、文学部といっても、専攻は政治経済である。しかし幼いころから草双紙、馬琴、人情本に親しみ、大学で英文学を読んで、シェイクスピア、ブルワー＝リットンを翻訳、ついで『当世書生気質』を出して、文学士が小説を書いたというので話題を呼んだ。さらに『小説神髄』で、価値の低いものとみられていた小説が藝術たりうることを説いたが、既に該博な知識が窺える。一方、根津遊廓の娼妓に親しんでこれを身請けし、妻としたが、むしろこれこそ破格の行いであった。のち早稲田の教授となり、文藝協会を組織して、教育、演劇に腕を揮った。シェイクスピアの全作品を翻訳したのも偉業である。

セン夫人には子ができなかったので、兄たちの子である大造、士行を養子とした。**坪内士行**は、英国人の恋人がいたが別れ、くにとの結婚も考えたが、阪急の小林一三が作った宝塚歌劇の女優一期生だった**雲井浪子**と、逍遥の反対を押し切って結婚し、逍遥に義絶されている。士

■坪内逍遥の一族

坪内平右衛門（1812〜1882）＝ミチ（1820〜1880）

森島鐐（〜1896）

落合米（〜1912）

織田留（〜1924）

信益（1845〜1886）＝内田はる

大造（1881〜1924）

義衛（よしえ）（1848〜1924）＝牛込鉞（〜1894）

鋭雄（としお）（1878〜1905）

曽乃（〜1944）＝村上幸多

幸（1905〜）＝河合祥吾

一郎（1927〜）

河合祥一郎（1960〜）＝美穂子

高橋康也（1932〜2002）

坪内士行（1887〜1986）＝高井操（雲井浪子）（1901〜2003）

美紀子（坪内ミキ子）（1940〜）＝桜井正伍（1932〜）協和企画社長

淳

志津

信あきら（1891〜1926）

雄蔵（ゆうぞう）・坪内逍遥（1858〜1935）（春の家（や）おぼろ）＝セン（セキ）（1863〜1949）

大造＝はる（1894〜1945）

飯塚くに（1899〜1994）＝飯塚友一郎（1894〜1983）

○

みどり＝ペーター・パンツァー（PANTZER）（1942〜）

鹿島―乃婦＝鹿島清兵衛（1866〜1924）＝藝妓ぽん太（恵津）（1880〜1925）

くに

行と、浪子（操夫人）はともに長命を保ったが、その娘が女優の**坪内ミキ子**である。実業家・鹿島清兵衛が、藝妓ぽん太に産ませたくにも逍遥の養女となり、演劇評論家の**飯塚友一郎**と結婚した。『父　逍遥の背中』に附された河竹登志夫の解説によると、飯塚夫妻の孫みどりの夫は、ボン大学日本学研究所教授のペーター・パンツァーだという。

ところで私は以前から不思議に思っていたのだが、逍遥の妻セン、ミキ子、そして飯塚くには、驚くほど顔が似ている。少なくとも、同系統の顔で、みな細面で、小ぶりの目がきりっとしている。血縁でもないのに、である。これは、士行が妻を、逍遥が養女を選ぶ時、センに面差しの似た女性（くにの場合は母ぽん太）を選んだからとしか考えられないのである。まさに夏目漱石のいう「趣味の遺伝」である。

逍遥の兄義衛（よしえ）の娘曽乃は村上幸多に嫁し、その娘幸は静岡大学教授を務めた教育学者の河合祥吾と結婚、その孫が現在東大准教授の**河合祥一郎**（しょういちろう）で、シェイクスピア作品の新訳を進めている。その岳父（がくふ）は東大教授を務めた**高橋康也**（やすなり）で、ベケットを始め、シェイクスピア、ルイス・キャロルなどの研究で知られ、演劇論に健筆を揮い、英国から勲章を受けている。逍遥と、新進のシェイクスピア学者が、こうして繋がっている。ただし、逍遥の仕事については、その生前に自ら編纂した『逍遥選集』があるのみで、全集は未だない。

森鷗外、星新一の一族

森鷗外、本名林太郎は、明治を代表する文豪である。石見国津和野藩の藩医の家に生まれたが、森家は代々女子が相続して養子をとっており、林太郎は久しぶりの男子だった。その期待を裏切らない秀才ぶりを示し、数え十三歳で東京医学校予科に入学する。後の東京大学医学部である。数え二十歳で卒業し、陸軍軍医となる。その後ドイツに留学し、学者ナウマン相手に論争を行った。と同時にエリーゼという下層の女性と同棲し、帰国後、彼女は林太郎を追って日本に来た。明治二十三年、その経験を短編「舞姫」として発表し、続けて「うたかたの記」などを発表して文学者としても世に知られたが、以後、小倉左遷の三年を含めて、軍務に打ち込み、アンデルセン『即興詩人』の翻訳のほか僅かな創作、翻訳を発表していたが、文学・哲学に通暁する人物として声望は高かった。

明治四十二年、『昴』を創刊して再び旺盛な執筆活動に入り、『ヰタ・セクスアリス』、『青年』、『雁』などを発表、明治天皇の死と、親しかった乃木希典の殉死を機に歴史小説を書くようになり、「興津弥五右衛門の遺書」、『阿部一族』、「山椒大夫」、「高瀬舟」など多くの小説を書く。晩年は『澁江抽斎』、『北條霞亭』、『伊澤蘭軒』の史伝三部作をなした。ほかに戯曲、

『諸国物語』として刊行された翻訳をなした。

　実生活においては、陸軍軍医総監としてその地位を上り詰め、当初名門の娘である赤松登志子を娶ったがほどなく離婚、十二年後に荒木志げと再婚したが、その間、児玉せきを妾としていた。大正十一年死去、「石見の人森林太郎」とのみ墓石に彫るよう遺言した。墓は三鷹の禅林寺にある。

　鷗外の弟のうち、篤次郎は**三木竹二**の名で劇評を行い、医師**小金井良精**に嫁した**小金井喜美子**は小説を書いた。鷗外の子らは、みなドイツ風の名をつけられ、この風習は孫に及んでいる。また二番目の妻**森しげ**も鷗外の勧めで小説を書いている。喜美子としげの作品は、『明治文学全集　明治女流文学集』（筑摩書房）に僅かに収められている。鷗外に愛された娘**森茉莉**は、当初フランス文学者の**山田珠樹**に嫁し、後の東大教授、フランス文学者の**山田𣝣**を産んだが離婚、再婚したが再び離婚し、五十を過ぎてから筆を執り、『恋人たちの森』、『甘い蜜の部屋』などで知られた。山田𣝣は、東大総長を務めた蓮實重彦の師匠である。また孫に当たる**森常治**は詩人・英文学者で、早大理工学部教授を務めた。森富は解剖学者で、東北大教授を務めた。

　小金井喜美子の娘は、星製薬社長の**星一**に嫁ぎ、生まれたのがＳＦ作家の**星新一**である。「ボッコちゃん」などのショートショートは、生前広く愛読された。新一は、祖父の伝記や、

■森鷗外の一族

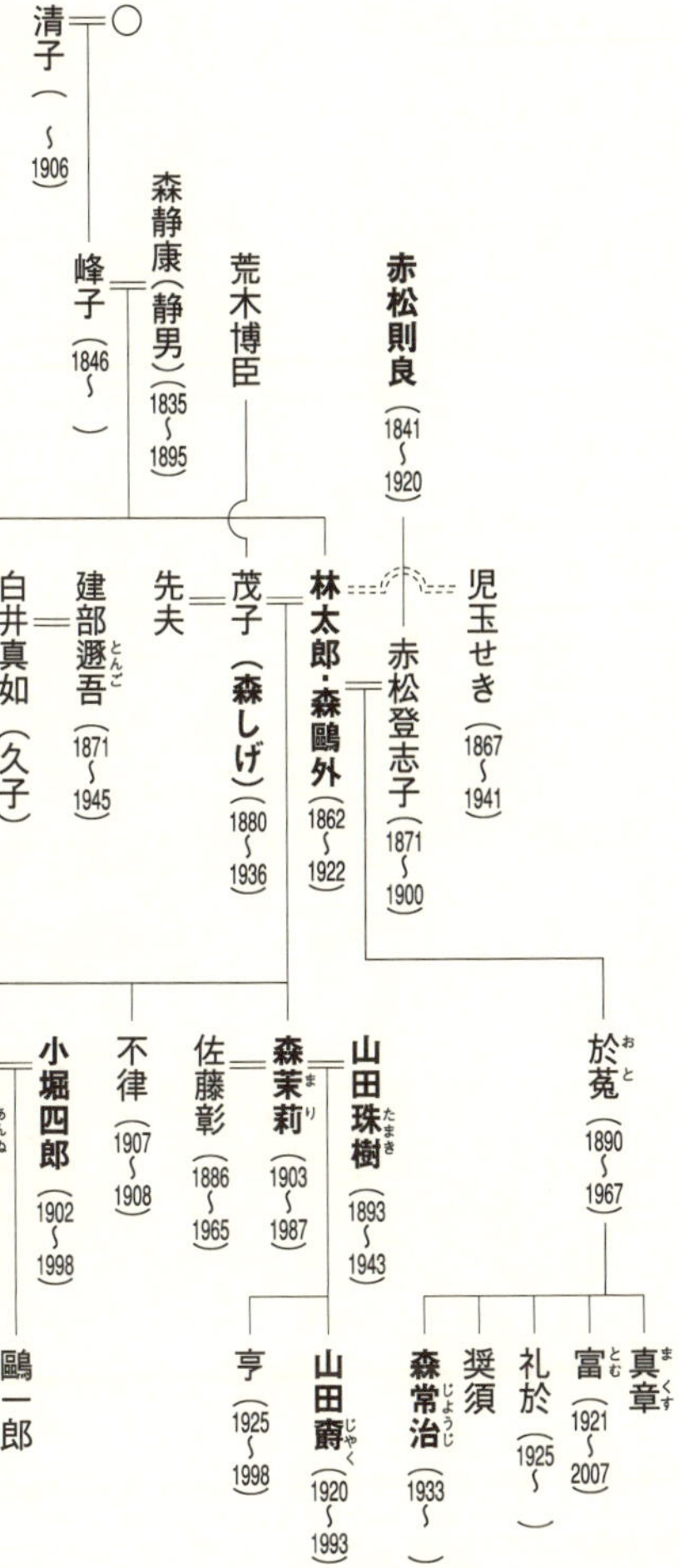
清子（〜1906）
○
峰子（1846〜）
森静康（静男）（1835〜1895）
荒木博臣
赤松則良（1841〜1920）
潤三郎（1879〜1944）
小金井良精（1858〜1944）
小金井喜美子（1870〜1956）
篤次郎（三木竹二）（1867〜1908）
白井真如（久子）
建部遯吾（1871〜1945）
先夫
茂子（森しげ）（1880〜1936）
林太郎・森鷗外（1862〜1922）
赤松登志子（1871〜1900）
児玉せき（1867〜1941）
星一（1873〜1951）
精子（1896〜1991）
類（1911〜1991）
小堀杏奴（1909〜1998）
小堀四郎（1902〜1998）
不律（1907〜1908）
佐藤彰（1886〜1965）
森茉莉（1903〜1987）
山田珠樹（1893〜1943）
於菟（1890〜1967）
星新一（1926〜1997）
鷗一郎
亨（1925〜1998）
山田爵（1920〜1993）
森常治（1933〜）
奨須
礼於（1925〜）
富（1921〜2007）
真章

父の伝記『人民は弱し官吏は強し』も書いている。また次女は画家**小堀四郎**に嫁ぎ、**小堀杏奴**（あんぬ）として、鷗外の思い出を綴った随筆で知られた。ただし、鷗外研究家として知られる小堀桂一郎は、往々にして杏奴の子と間違われるが、関係はない。

夏目漱石、房之介の一族

夏目漱石、本名金之助は、慶応三年、東京の名主の家の五男として生まれ、塩原家へ養子に出されたがのち夏目家に戻った。その後の養父との関係については『道草』に詳しい。東京帝国大学の英文科を卒業し、「洋学隊の隊長」を目指したが、二十八歳でなぜか松山中学校に赴任した。当時の学士としては異例のことで、理由は未だ不明である。そこも一年で辞め、熊本の第五高等学校講師として赴任、ついでロンドンに留学するが、神経症に罹り二年で帰国。一高、東京帝大講師となるが、三十八歳の時書いた『吾輩は猫である』が評判となり、四十歳で大学を辞め、朝日新聞社に入社、死ぬまで朝日に連載小説を書き続けた。

妻は中根鏡子で、五女二男を儲けたが、末の雛子の夭死は『彼岸過迄』に描かれている。漱石は、妻以外の女と性的関係を結んだ形跡がない。大正五年末、漱石が満四十九歳で死んだ後、長女の筆子をめぐって弟子の久米正雄と**松岡譲**(ゆずる)の争いが起き、筆子は松岡に嫁いだが、久米はのちにこれを『破船』に描いた。松岡家の六人の子のうち、陽子は渡米してロバート・マックレインと結婚、**松岡陽子マックレイン**として漱石をめぐる著作を出している。また末娘は**半藤一利**に嫁ぎ、**半藤末利子**としてやはり著作がある。半藤一利は文藝春秋に勤めて大宅壮一(おおやそういち)

の下で『日本のいちばん長い日』を纏め、今も昭和史研究家として活躍している。

漱石の著作は、その死後も読まれたため、長男純一はヴァイオリニストと称したが、父の印税でヨーロッパで遊んで暮らした。その子が漫画家・漫画評論家の**夏目房之介**である。次男**夏目伸六**は文藝評論家だったが、漱石の才能を受け継いだ者があるとすればやはり房之介であろう。

■夏目漱石の一族

○＝日根野かつ（1847〜　）＝塩原昌之助（1839〜1919）（養父）＝やす（1839〜　）

れん

こと（1825〜1853）＝夏目小兵衛直克（なおかつ）（1817〜1897）＝千枝（1826〜1881）

- 佐和（1846〜1878）＝福田庄兵衛
- ふさ（1851〜1915）＝高田庄吉
- 大一（大助）（1851〜1887）
- 栄之助・臼井直則（1856〜1887）
- 登世（1867〜1891）＝和三郎直矩（なおのり）（1859〜1931）
- 久吉（1862〜1865）
- ちか（1864〜1865）
- **金之助・夏目漱石**（1867〜1916）＝鏡子（1877〜1963）（中根重一（　〜1906）の娘）

漱石・鏡子の子

- 筆子（1899〜1989）＝**松岡譲**（ゆずる）（1891〜1969）
  - 明子（めいこ）（1919〜　）＝石川豊彦
  - 則子（1920〜1921）
  - 聖一（しょういち）（1922〜　）
  - **松岡陽子マックレイン**（1924〜　）＝ロバート・マックレイン
  - 新児（1931〜　）
  - **半藤末利子**（1935〜　）＝**半藤一利**（1930〜　）
- 恒子（1901〜1936）
- 栄子（1903〜　）
- 愛子（1905〜　）
- 夏目純一（1907〜1999）＝嘉末子
  - **夏目房之介**（1950〜　）
- **夏目伸六**（しんろく）（1908〜1975）
- 雛子（1910〜1911）

幸田露伴、文の一族

幸田露伴は、明治大正期には文豪とされ、漢文の素養も深く、碩学にして小説家として崇敬されていた。夏目漱石と同じ慶応三年、幕臣の四男として生れた。本名は成行。兄妹らに名を成した者が多いが、なぜか露伴は帝国大学へは進まず、電信修技学校を出て、技師として北海道に勤務したが、ほどなく脱出し、徒歩で東京へ戻り、文藝の道に進んだ。「風流佛」「五重塔」などの作で名をなし、尾崎紅葉、森鷗外、坪内逍遥と並んで「紅鷗逍露」として明治二、三十年代の文藝界に一時代を築いた。その他、『いさなとり』、『天うつ浪』などの新聞連載長編小説も書いているが、これらは戯作の調子を抜けていない。また芭蕉、西鶴などの近世文藝の研究にも力を入れ、その評釈を刊行し、四十歳の頃から京都帝国大学講師を一時期務め、創作から遠ざかって古典の研究に打ち込むが、大正期に入り、「運命」「幻談」などで復活した。また『水滸伝』の漢文調での邦訳、「源頼朝」などの史伝もあり、幅広い文筆活動を行った。昭和十二年、文化勲章受章、帝国藝術院会員。昭和二十二年、八十歳で没。

露伴の次兄は養子に出た**郡司成忠**で、海軍軍人として千島探検を行って一躍国民的英雄となった。弟の**幸田成友**は歴史学者で、東京商科大学（現一橋大学）教授を務め、『幸田成友著作集』全七巻がある。また妹二人は音楽家として名をなし、長女**幸田延**（のぶ）はピアノその他の西洋音楽を学び、東京音楽学校（現東京藝大）教授を務め、山田耕筰らを育てた。次女**安藤幸**（こう）は英文学者安藤勝一郎に嫁し、ヴァイオリニストとして活躍、女性で初めての文化功労者となった。その子安藤熙（ひろし）はドイツ文学を専攻する傍ら、**高木卓**（たく）の筆名で歴史小説を書き、大伴家持（おおとものやかもち）を描いた「歌と門の盾」で芥川賞を与えられたが、辞退した。史上唯一の芥川賞辞退者として知られる。第一高等学校、東大教養学部でドイツ語を教えたが、小説家としては大成せず、古典文学の児童向け再話や、ドイツ音楽の解説などを書いた。その弟の**安藤馨**（かおる）はインディアナ大学を出て、日本ＩＢＭや富士通で、コンピューター技術の開発者として活躍、藍綬褒章を受章した。

露伴の最初の妻山室幾美子は、三人の子をなした後三十六で早世し、露伴は後妻児玉八代（やよ）を迎えたが、長女歌は夭折、末子の成豊（しげとよ）（一郎）は十九歳で結核のため死に、成人したのは次女の**幸田文**（あや）だけだった。文は清酒問屋に嫁ぎ一女をなしたが、のち娘を連れて離婚、露伴は、鷗外や漱石のように死後も広く読まれなかったため、文は藝者置屋の女中までしたが、露伴死去に際して書いた随筆をきっかけに、四十五歳で随筆家としてデビュー、『流れる』、『おとうと』などの小説で認められた。以後も細々と随筆は書いていたが、死後それらが次々と単行本化されてブームが訪れた。また娘**青木玉**は医師・医学者の青木正和に嫁したが、母・文の死後、幸田家の思い出を書いた『小石川の家』で随筆家として六十五歳でデビュー、その娘**青木奈緒**もその四年後『ハリネズミの道』でエッセイストになり、幸田家四代の文筆家の物語としてマスコミで話題になった。

■幸田露伴の一族

- 幸田猷（1843〜1919）＝幸田成延（利三）（1841〜1914）←今西家より婿
  - 成常（1858〜1925）
  - 兼代＝**郡司成忠**［ぐんじなりただ］（1860〜1924）
    - 悌子＝西田亮
    - 智麿
  - 夭逝
  - 山室幾美子（1875〜1910）＝**成行・幸田露伴**［しげゆき］（1867〜1947）＝児玉八代［やよ］（〜1945）
    - 歌（1901〜1912）
    - **幸田文**［あや］（1904〜1990）＝三橋幾之助
      - **青木玉**（1929〜）＝青木正和（1929〜）
        - **青木奈緒**（1963〜）
    - 成豊［しげとよ］（一郎）（1907〜1926）
  - **幸田延**［のぶ］（1870〜1946）
  - **幸田成友**［しげとも］（1873〜1954）
  - 安藤勝一郎＝**安藤幸**［こう］（1876〜1963）
    - **高木卓**［たく］（安藤熙［ひろし］）（1907〜1974）
    - 脩［おさむ］
    - あつ子
    - **安藤馨**［かおる］（1914〜1997）
    - 晶
  - 修造（1882〜1907）

徳富蘇峰、徳冨蘆花の一族

蘇峰徳富猪一郎、蘆花徳冨健次郎の兄弟は、明治から昭和にかけての文藝・思想界に大きな足跡を残しているが、その一族の内には、明治のキリスト教運動史に名を残した人物が驚くほど多い。なお兄弟で「徳富・徳冨」と姓の表記が異なる。

徳冨蘆花は、夏目漱石の一つ年下にあたるが、十七歳で受洗、兄蘇峰の民友社に入り、ラスキンに倣った自然論『自然と人生』で文壇に知られ、ついで大衆小説『不如帰』が空前のベストセラーとなり、『小説　思出の記』など多くの文業を残したが、今ではあまり読まれない。当初自由民権派の立場にあったが、兄蘇峰が国権派に転向したため絶縁した。蘆花は大逆事件に際しても、講演「謀叛論」を行って天皇暗殺の容疑者たちの恩赦を訴えたが、蘆花自身はあくまで天皇崇拝家だった。

徳富蘇峰は蘆花の五歳年長、やはりキリスト教の感化を受け、大江義塾、民友社を設立、雑誌『国民之友』、『国民新聞』を主宰した。日露戦争の講和の際には、ロシヤとの戦いを継続できないため弱腰になったポーツマス条約を支持したため、講和に反対する暴徒によって民友社は焼き討ちに遭った。蘇峰は、著書『吉田松陰』で明治維新を評価し、第二の維新を唱え、大正期からは、織田信長の時代から西南戦争に至る日本史を全百巻に纏めた『近世日本国民史』を著した。だが太平洋戦争中、率先して軍部のイデオローグとなり、昭和十八年、文化勲章を受章したが、戦後、戦犯とされ、高齢のため処罰を免れた。『近世日本国民史』は史料を博捜しているため、戦後歴史学者も参照しているが、民衆史観ではないのでそのことを隠し、蘇峰の悪口を言っているという。

二人の父**徳富一敬**は肥後の庄屋の家に生れ、熊本に出て**横井小楠**に師事、実学党の中心人物だったが、維新後は蘇峰の大江義塾で儒学を講じた。一敬の妻**徳富久子**は矢嶋家の出で、その姉**竹崎順子**は、**海老名弾正**の影響でキリスト教に入信、熊本女学会の舎監、校長を務め、明治期女性史中の人物である。矢嶋家三女の津世子は横井小楠に嫁した。小楠、名は時存は幕末熊本藩（細川家）の進歩派・実学党を、元田永孚らと結成したが処罰されて蟄居、維新後復活したが、京都で攘夷派の残党に暗殺された。その長男**横井時雄**は熊本洋学校でキリスト教に接して入信、牧師となり、同志社社長を経て衆議院議員。また小楠の甥の横井佐平太、大平もキリスト教活動家だが、佐平太の妻**横井玉子**は夫の死後女子学院で美術を教え、女子美術学校の設立の中心となった、女子教育家である。

末妹の**矢嶋楫子**は、一度結婚したが酒乱の夫に苦しめられ、離婚し、子を捨てて上京、教員となり、やはりキリスト教に触れて、飲酒制限運動を始め、東京婦人矯風会を設立、これが日本基督教婦人矯風会となって、初代会頭を長く務め、また女子学院の院長として女子英語教育にも努めたが、大正十四年の死去の際、上京当初、妻ある男と姦通して子をなしたことを隠していたことをもって、甥の蘇峰、蘆花から偽善者として指弾された。蘇峰らの姉の娘**久布白落実**は、婦人矯風会のメンバーで、牧師に嫁してその伝道を助け、廃娼運動に力を入れ、のち矯風会会頭。また次女初子の夫**湯浅治郎**は上州安中出身のキリスト教社会事業家、新島襄の影響で入信、群馬県で廃娼を決議するのに与って力があった。その弟**湯浅半月**はやはり同志社で新島の薫陶を受け、詩人、図書館学者にして、旧約聖書研究に力を注いだ。治郎の前妻との子**湯浅一郎**は、やはり同志社に学んだが黒田清輝に師事し洋画家となった。

海老名弾正は筑後柳川の出身だが、熊本洋学校に学び、米国人リロイ・ランシング・ジェーンズの感化で、キリスト教の集団熊本バンドを創設し、安中教会、熊本教会の牧師を歴任し、熊本と安中に当時のキリスト者が輩出したのは弾正の感化による。のち同志社総長。

■徳富蘇峰、蘆花の一族

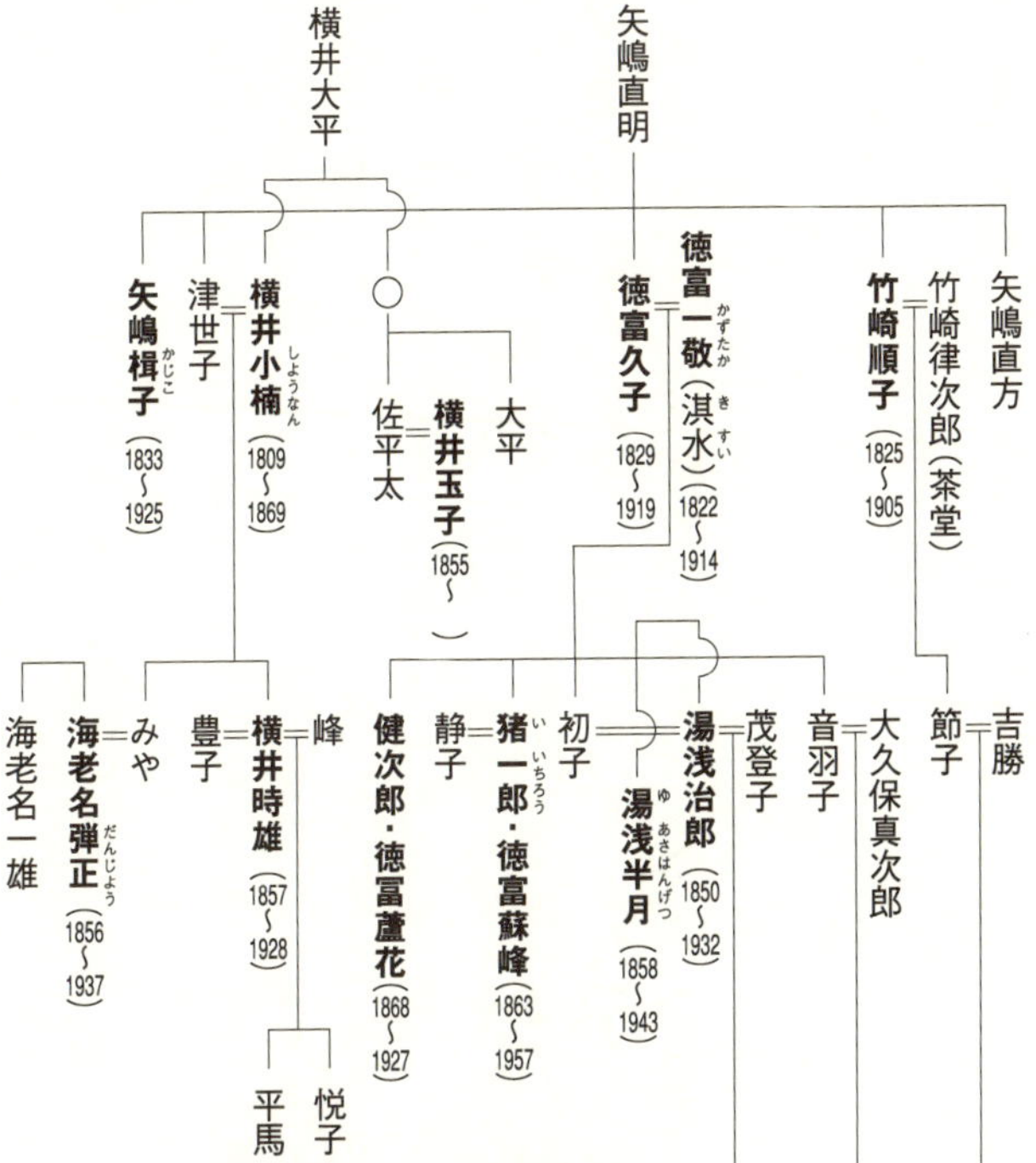

横井大平
矢嶋直明
矢嶋楫子（かじこ）（1833〜1925）
津世子
横井小楠（しょうなん）（1809〜1869）
佐平太
横井玉子（1855〜 ）
大平
徳富久子（1829〜1919）
徳富一敬（かずたか）（淇水（きすい））（1822〜1914）
竹崎順子（1825〜1905）
竹崎律次郎（茶堂）
矢嶋直方
海老名一雄
海老名弾正（だんじょう）（1856〜1937）
みや
豊子
横井時雄（1857〜1928）
峰
健次郎・徳冨蘆花（1868〜1927）
静子
猪一郎（いいちろう）・徳富蘇峰（1863〜1957）
初子
湯浅半月（ゆあさはんげつ）（1858〜1943）
湯浅治郎（1850〜1932）
茂登子
音羽子
大久保真次郎
節子
吉勝
平馬
悦子
湯浅一郎（1868〜1931）
久布白落実（くぶしろおちみ）（1882〜1972）
八十雄
睦子
土平
元彦

蘆花

蘇峰

高浜虚子の一族

俳句の近代化における第一人者である正岡子規は子孫を残さず若くして死んだが、子規に兄事した**高浜虚子**の子孫は、俳句界の名家とも言うべき地位を築いている。高浜虚子は愛媛県松山藩士・池内家に生れた。松山出身の映画監督・伊丹万作も本名は池内だが、松山には池内姓は多く、「いけのうち」と読むと上級武士、「いけうち」なら下級とされていたといい、虚子の家は「いけのうち」だったらしい。

虚子、本名清は五男で、祖母の高濱家を継いだ。虚子は、子規から俳誌「ホトヽギス」を受け継ぎ、俳壇の重鎮として戦後、文化勲章を受章。次女・立子（たつこ）も俳句をやっていたため、虚子は同誌に「立子へ」と題する文章を連載し続けたが、立子は**星野天知**（てんち）の子星野吉人（よしと）と結婚し、**星野立子**として、「ホトヽギス」を離れ、「玉藻」（たまも）を主宰した。「ホトヽギス」は長男**高浜年尾**が継ぎ、さらにその娘**稲畑汀子**（ていこ）が継いで現在に至っている。汀子の姉は坊城家に嫁ぎ、その子**坊城俊樹**も俳人である。

次男は池内家を継いで**池内友次郎**（いけのうちともじろう）となったが、音楽家を志して欧州に留学、作曲家となり、東京藝術大学教授、音楽学部長を務め、文化功労者、音楽界の重鎮であった。虚子の娘の高木

■高浜虚子の一族

池内政明＝高濱峯（〜1882）

池内庄四郎政忠（信夫）（〜1891）＝山川柳（〜1898）

政忠（〜1916）
信嘉（1857〜1934）
政夫（〜1901）
高浜清・虚子（1874〜1959）＝大畠いと（〜1972）

星野天知（てんち）

眞砂子（1898〜1982）＝真下（ました）喜太郎（1888〜1965）
高浜年尾（1900〜1979）＝上田きみ子（〜2003）
星野立子（1903〜1984）＝星野吉人（よしと）（〜1992）
池内友次郎（1906〜1991）＝鈴木芳枝（1916〜1971）
池内友次郎＝**遠藤郁子**（1944〜）
宵子（1909〜1978）＝新田義夫
六子（1912〜1914）
高木晴子（1915〜2000）＝高木良一（餅花）（1908〜1988）
上野章子（1919〜1999）＝上野泰（1918〜1973）

坊城中子（1928〜）＝坊城俊厚
稲畑汀子（ていこ）（1931〜）＝稲畑順三（〜1980）
荒川詠子（1940〜）
大太郎（1941〜）
睦子クーパー（1945〜）
松田美子

坊城俊樹（1957〜）
広太郎（1957〜）

晴子、上野章子もそれぞれ俳人として「晴居」、「春潮」を主宰した。「春潮」は娘の松田美子が現在主宰している。

岸田國士、衿子、今日子の一族

岸田國士（くにお）は、戯曲の芥川賞といわれる岸田戯曲賞にその名を残しているが、その戯曲、小説作品は今でも広く読まれているとは言い難く、今なお評価は定まらない。その娘は、絵本作家の**岸田衿子**（えりこ）、女優の**岸田今日子**である。今日子は一時、俳優の**仲谷昇**（なかやのぼる）と結婚していたが、二〇〇六年、相次いで没した。また若くして死んだ、やはり俳優の**岸田森**（しん）は國士の甥に当たり、こちらはかつて女優の**悠木千帆**（ゆうきちほ）と結婚していた。悠木はテレビ番組のオークションで一般人にその名を売って**樹木希林**（ききりん）と改名したが、高度な演技力をもつ性格俳優として広く知られる。なお元の名悠木千帆は女優に転売され、現在三代目悠木千帆がいる。樹木はその後ロック歌手、俳優、映画監督の**内田裕也**（ゆうや）と再婚し、その間にできた女子がエッセイストの**内田也哉子**（ややこ）、その夫は美男俳優の**本木雅弘**（もとき）で、本木の本姓は内田である。

■岸田國士の一族

紀州藩家老

岸田庄蔵（1853〜1922）＝（村辻）楠子（1855〜1941）

岸田國士（くにお）（1890〜1954）＝村川秋子（ときこ）（〜1942）
益士（1893〜1943）
吉田彰子（1895〜）
佐二（すけつぐ）（1900〜）
虎二（1902〜）
延原克子（1905〜）
佐竹朝子（1908〜）

岸田衿子（えりこ）（1928〜）
岸田今日子（1930〜2006）＝仲谷昇（なかや のぼる）（1929〜2006）

岸田森（しん）（1939〜1982）＝悠木千帆（ゆうき ちほ）（樹木希林）（1943〜）＝内田裕也（ゆうや）（1939〜）

内田也哉子（ややこ）（1976〜）＝本木雅弘（内田）（1965〜）

巖谷小波、國士の一族

巖谷一六は名を修、近江水口藩士の出身で、明治期に、書家、貴族院議員として活躍した。その二人目の妻にできた三男が**巖谷小波**である。小波は本名季雄、尾崎紅葉らの硯友社に加わり、漣山人と号して小説を書いていたが、少年読物「こがね丸」が好評を得てから、お伽話に専念し、小波お伽話として明治期に一世を風靡した。またドイツに留学して西洋の童話も研究し、その集大成も試みた。紅葉『金色夜叉』のモデルとしても知られるが、これは版元博文館の若い主人大橋新太郎に好みの藝妓をとられた話と、従妹への失恋をもとに紅葉が書いたもので、後年、小波は新太郎との関係が悪化した際、『金色夜叉の真相』を書いて、その刊行の日に自殺を図っている。

小波には四男があり、長男三一は、**巖谷槇一**の名で劇作家、演出家として活躍した。号を撫象というが、巖本善治の号と同じなので紛れやすい。次男**巖谷栄二**は父の業を継いで、世界お伽話集成『大語園』を完成させ、児童文学研究者として父の顕彰事業に力を注いだ。その長男**巖谷國士**は、シュールレアリスムなどを研究するフランス文学者で、現在明治学院大学教授。ただし、澁澤龍彥については多く語るが、巖谷家について語ったものを知らない。小波の四男

76

巌谷大四(だいし)は文藝評論家として、二〇〇六年に没するまで文壇の最長老の一人だった。

■巌谷小波の一族

江添田鶴＝八重
- 立太郎（〜1891）
- かね

八重＝巌谷一六（いわや いちろく）（修）（1834〜1905）
- 辨次郎
- 幽香
- 三千尾
- 巌谷小波（さざなみ）（季雄（すえお））（1870〜1933）

巌谷一六＝横田茂登（1855〜　）
- 瑤柴子（よしこ）（1874〜1898）
- 菊枝（1875〜　）
- 春生（1877〜　）
- 冬生（1879〜　）

巌谷小波＝山村勇子
- 三一（巌谷槇一）（撫象（ぶしょう））（1900〜1975）＝工藤美枝子
- 三四子（1903〜　）＝泉源吉
- 三八子（1907〜　）＝橋口正哉
- 巌谷栄二（1909〜1969）― 巌谷國士（くにお）（1943〜　）
- 平三（1912〜　）
- 巌谷大四（だいし）（1915〜2006）

河竹黙阿弥、登志夫の一族

幕末から明治にかけての歌舞伎・狂言作者の第一人者とされる**河竹黙阿弥**は、商家の越前家勘兵衛家に生れた。本姓は吉村。若いころ遊蕩（ゆうとう）に耽（ふけ）って勘当され、五代目鶴屋南北（孫太郎）に入門し、生家は弟に譲り、歌舞伎作者として勝諺蔵（かつげんぞう）を名乗り、ついで芝晋輔、斯波（しば）晋輔、二代目河竹新七となって、四十歳ころには劇界の第一人者となった。明治期に入り、新時代の散切（ざんぎり）物、活歴（かつれき）物、西洋種の翻案などに筆を揮（ふる）うが、明治十四年、引退を宣言して古河黙阿弥と名のる。しかしその後も十年間、斬新な新作を書き続けた。

黙阿弥には長男市太郎がいたが、これには生家を継がせ、河竹家を長女糸女に委ねた。**河竹糸女**は独身だったため、坪内逍遥の推薦で信州出身の市村繁俊を養子とし、本姓は吉村ながら**河竹繁俊**として、繁俊は早大教授、演劇博物館館長の傍ら、東西演劇の研究家として一家をなした。その子俊雄は、東大理学部卒業後、早大演劇科を経て**河竹登志夫**の名で歌舞伎の比較文学的研究の第一人者で、日本比較文学会会長を務め、文化功労者。

■河竹黙阿弥の一族

- 四代 越前屋勘兵衛（1782〜1834）＝まち
  - きよ（1807〜1836）
  - **河竹黙阿弥**（1816〜1893）（吉村芳三郎、勝諺蔵（かつげんぞう）、柴晋輔、二代 河竹新七）＝伊藤琴（1826〜1903）
    - 市太郎（1848〜1917）― 三五郎
    - **河竹糸女**（1850〜1924）＝**河竹繁俊**
    - 島
    - ます
  - 金之助（〜1840）（五代 勘兵衛）

市村繁俊（河竹・吉村）（1889〜1967）― 俊雄（1924〜）（**河竹登志夫**）

第三章

明治・大正の文学界、光と闇の系譜

島崎藤村、西丸震哉の一族

藤村・島崎春樹は中山道木曾路馬籠（まごめ）の本陣・庄屋を兼ねる郷士の子として生れた。最近、藤村記念館などを擁する旧宿場が町村合併で長野県から岐阜県に変わり話題を呼んだが、藤村が生れた時、この土地は「名古屋県」であり、その後ほどなく「筑摩県」になり、現在の岐阜県の一部だった。父正樹は平田国学を信奉する勤皇家で、母は同じ島崎姓で妻籠（つまご）の本陣の娘だった。正樹が後に狂気して座敷牢で死ぬことは、『夜明け前』に描かれた通りである。藤村の生涯は、一族に流れる狂気と淫蕩の血との苦闘だったと言ってもよく、藤村は四男だったが、三兄の友弥は、母が姦通してできた子だとされている。また長姉の園子は、高瀬薫に嫁いだが、これも狂気することは「ある女の生涯」に詳しい。

藤村は九歳で馬籠を離れて東京の高瀬方に住み、明治学院を出て、明治女学校校長、「女学雑誌」主筆の巌本善治（いわもとよしはる）と知り合い、北村透谷を友人とし、「文学界」を創刊するが、明治女学校で教えるうち、教え子の佐藤輔子（すけこ）と恋愛事件を起こして仙台に赴任している。秦冬子と結婚したが、三人の女児を次々と亡くし、四女を産んで妻が死ぬという悲運に見舞われる。この時のことは『家』に書かれている。

■島崎藤村の一族

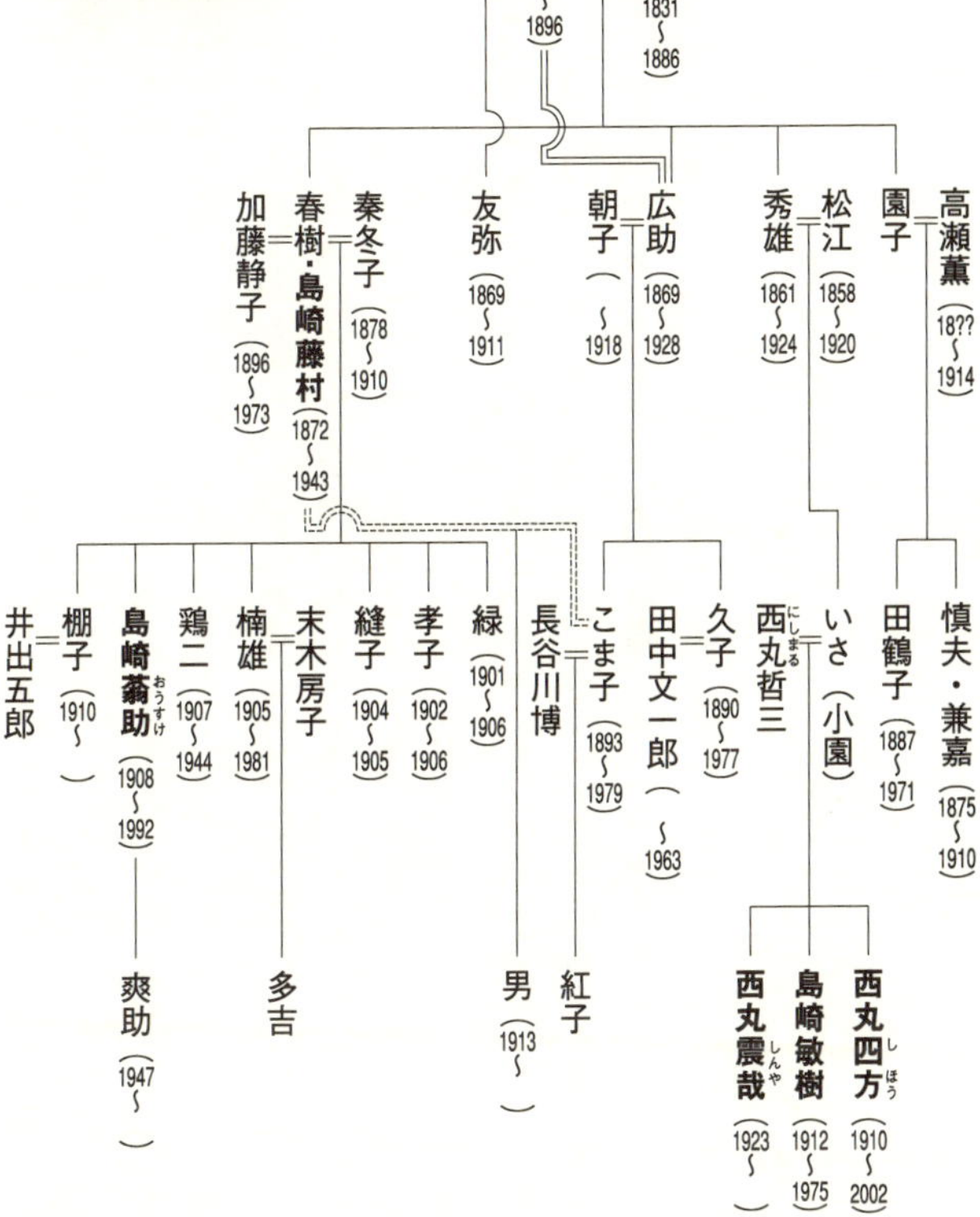
〈馬籠(まごめ)〉
〈妻籠(つまご)〉
島崎正樹（重寛）（1831〜1886）
島崎縫(ぬい)（縫）（1816〜1896）
稲葉屋
高瀬薫（18??〜1914）
園子
松江（1858〜1920）
秀雄（1861〜1924）
広助（1869〜1928）
朝子（〜1918）
友弥（1869〜1911）
秦冬子（1878〜1910）
春樹・島崎藤村（1872〜1943）
加藤静子（1896〜1973）
慎夫・兼嘉（1875〜1910）
田鶴子（1887〜1971）
いさ（小園）
西丸(にしまる)哲三
久子（1890〜1977）
田中文一郎（〜1963）
こま子（1893〜1979）
長谷川博
緑（1901〜1906）
孝子（1902〜1906）
縫子（1904〜1905）
末木房子
楠雄（1905〜1981）
鶏二（1907〜1944）
島崎蓊助(おうすけ)（1908〜1992）
柳子（1910〜）
井出五郎
西丸四方(しほう)（1910〜2002）
島崎敏樹（1912〜1975）
西丸震哉(しんや)（1923〜）
紅子
男（1913〜）
多吉
爽助（1947〜）

その間、手伝いに来ていた長兄秀雄の娘いさの手を握り、ついで次兄広助の次女こま子と関係をもってしまい、こま子が妊娠し、藤村は四年にわたってフランスにあたかも流竄（るざん）のような日々を過ごすが、帰国して新聞に連載した「新生」でこのことを書き、広助に義絶される。しかしそれまでに、長兄秀雄の汚職事件での投獄、高瀬薫の出奔など一族に困難は絶えず、藤村が薫を姉園子と和解させたがほどなく薫は死に、姉が発狂する。

こま子はその後結婚するがうまく行かず、一人娘を連れて流浪の日々を送り、左翼運動や女性解放運動に関わり、昭和初年、行き倒れになって新聞に「島崎藤村の姪」として書かれたりもした。

藤村の三男**島崎蓊助**（おうすけ）は画家として知られ、戦後は藤村全集の編纂に力を注いだ。長兄秀雄の娘いさは西丸（にしまる）哲三に嫁いだが、ここに生れた三人の男子が、精神病理学者の**西丸四方**（しほう）、藤村の母の家を継いだ広助の跡取りとなったやはり同業の**島崎敏樹**、登山家、文明評論家として奇抜な著書の多い**西丸震哉**（しんや）であり、藤村の文才はこの三兄弟に受け継がれた観がある。

永井荷風、高見順の一族

永井荷風は、**禾原**（かげん）**永井久一郎**の長男・壮吉として明治十二年、東京に生まれた。父は漢詩人として名高く、文部省、日本郵船に勤めた。壮吉は一高入試に失敗し、落語家、歌舞伎作者を目指したが、二十三歳から『地獄の花』、『夢の女』を刊行した後、父の金で米国、フランスへ遊学し、連作『あめりか物語』、『ふらんす物語』で文壇に認められた。三十一歳から六年間、慶応義塾文学部教授を務めた。父の財産があったため、生涯、生活には困らず、私娼と遊んでこれを小説の題材とした。米国ではイデスという恋人をもち、三十三歳の時斎藤ヨネと結婚したが、半年で離婚、それ以前から交情のあった新橋の藝妓巴家八重次（ともえややえじ）と結婚したが、これも半年で離婚、八重次は**藤蔭静枝**（ふじかげしずえ）として舞踊の藤蔭流を起こし、慶応出身の文学者・勝本清一郎を恋人とした。のち静枝の名を弟子に譲り、**藤蔭静樹**（せいじゅ）と名乗り、文化功労者。藝妓でも、荷風が結婚するだけあってただ者ではなかったのだ。

荷風はその後も二度、娼妓を身請けしている。そうした遊蕩生活から、『腕くらべ』、『つゆのあとさき』、『濹東綺譚』などの作品を産み出したが、社会に背を向け、「偏奇館」と名づけた屋敷に住んで、家族とも疎遠だった。大正中期から死に至るまで、「断腸亭日乗」と名づけられる日記を書き続け、優れた日記文学とされている。戦後、日本藝術院会員、文化勲章受章。実子はなく、親類の永光(ながみつ)を養子にしたが、親子としては暮らさなかった。荷風の場合、その親族を云々するより、関わった女に関する年表のほうが有益だろう。

荷風は放蕩息子として、実家のことは弟**永井威三郎**に任せたため、弟とは義絶したが、威三郎は育種学者で東京農工大教授を務め、多くの業績がある。また従弟の大島一雄は、親戚では最も荷風と親しく、**杵屋五叟**(きねやごそう)として長唄の業に従事した。

荷風の叔父が藝者に産ませた子が、作家・詩人の**高見順**である。荷風の叔父で福井県知事を務めた阪本釤之助(さんのすけ)が藝妓・高間古代(こよ)に産ませた。正妻の子の**阪本瑞男**(たまお)は、外交官で、第二次大戦当時、ドイツの将来に悲観的な見通しを持ち、参戦に反対した。その弟の**阪本越郎**(えつろう)は詩人、ドイツ文学者だった。

高見順は本名高間芳雄、東京帝大英文科卒、左翼運動ののち、小説家、詩人として世に出た。荷風はこれが叔父の庶子であることを知り、それを書いていいか高見に尋ね、許諾を得たという。高見は実父に会おうとしたが遂に会えず、私生児としていじめにあったという。『故旧忘れ得べき』『如何なる星の下に』のほか、戦後の代表作として『いやな感じ』がある。癌のため五十八歳で没したが、死に向かい合って書いた詩集『死の淵より』は畢生の名作である。高見は愛人に産ませた女児を養女としたが、これがタレントの**高見恭子**で、当初高間恭子

■永井荷風の一族

鷲津毅堂・宣光 ＝ 川田美代
- 姉
- 恒（1861〜1937）

永井匡威（1829〜1900） ― コト（〜1926）
- 永井久一郎・禾原（かげん）（1852〜1913） ＝ 恒
  - 壮吉・永井荷風（1879〜1959） ＝ 斎藤ヨネ
    ＝ 金子ヤイ（巴家八重次（ともえやえじ））（藤蔭静枝（ふじかげしずえ）→静樹（せいじゅ））（1880〜1966）
    ‖ 永光（ながみつ）
  - 鷲津貞二郎（1883〜1927）
  - 永井威三郎（1887〜1971）
- 正履
- 高間古代（こよ） …… 阪本釤之助
  - 高間芳雄（高見順）（1907〜1965） ＝ 石田愛子
    ＝ 水谷秋子（高間・高見）（1911〜2000）
      - 由紀子（1939〜1940）
    …… 小野田房子（〜1995）
      - 高見恭子（1958〜）
- 阪本釤之助（さんのすけ）（1858〜1936）
  - 阪本瑞男（たまお）（1897〜1944）
  - 阪本越郎（えつろう）（1906〜1969）
- 佐佐吉
- 大島久満次（〜1916）
  - 大島一雄（杵屋五叟（きねやごそう））（1906〜1957）
    - 成友（1929〜2000）
    - 永井永光（荷風養子）（1932〜）
- 銉次
- 頑頡

と名乗っていた。恭子もエッセイストとして著書が多く、二代続けて愛人の子が名をなした例である。

佐藤紅緑、サトウハチロー、愛子の一族

佐藤紅緑は津軽藩士の子で、上京して政治を志し陸羯南の書生となるが、新聞記者となり、正岡子規に出会って俳句の道に進むとともに小説を書き始め、大正期は大衆作家、昭和に入って少年読物で成功した。河北新報の創業者である**一力健治郎**の妻の妹で、漢学者**鈴木春山**の娘ハルと結婚したが、生活は乱脈を極め、真田イネに三人の男児を産ませた。その一人が劇作家の**大垣肇**である。そして八人の子を残して女優・三笠万里子と関係して遂に離婚、万里子と再婚、一時期万里子を主演に映画を製作していた。

男子の多くは不良化したが、長男八郎は、国民的詩人**サトウハチロー**となった。戦後、ハチローが天皇の陪食に与った際、老いた紅緑は帰宅したハチローから恩賜の煙草を見せられ「余、驚愕と恐惶に堪えず。右の品々を両親の扁額前に捧げて涙下ること雨の如し。余が一家いまだかつて一度も斯の光栄に浴せず。八郎によってはじめてこの光栄に接す。蓋し佐藤家万代の栄誉にして、余が一身及父母の一大光栄なり。感激胸に塞りて嗚咽ものいう能はず。この光栄は余が七十年に余りて皇恩を拝せし余慶たる事は当然ながら、併し今上陛下の聖明畏こくも八郎を草莽の中に認められし鴻恩なることを肺腑に感得せざるべからず」と書いた。

万里子との間にできた末娘が作家の**佐藤愛子**で、少女小説など書きつつ文学修業をし、作家の**田畑麦彦**と結婚したが離婚、その経緯を描いた「戦いすんで日が暮れて」で直木賞受賞、人気作家、エッセイストとして今も活躍している。近年、『血脈』で佐藤紅緑の一家について壮大な記録を描き、菊池寛賞受賞。

■佐藤紅緑の一族

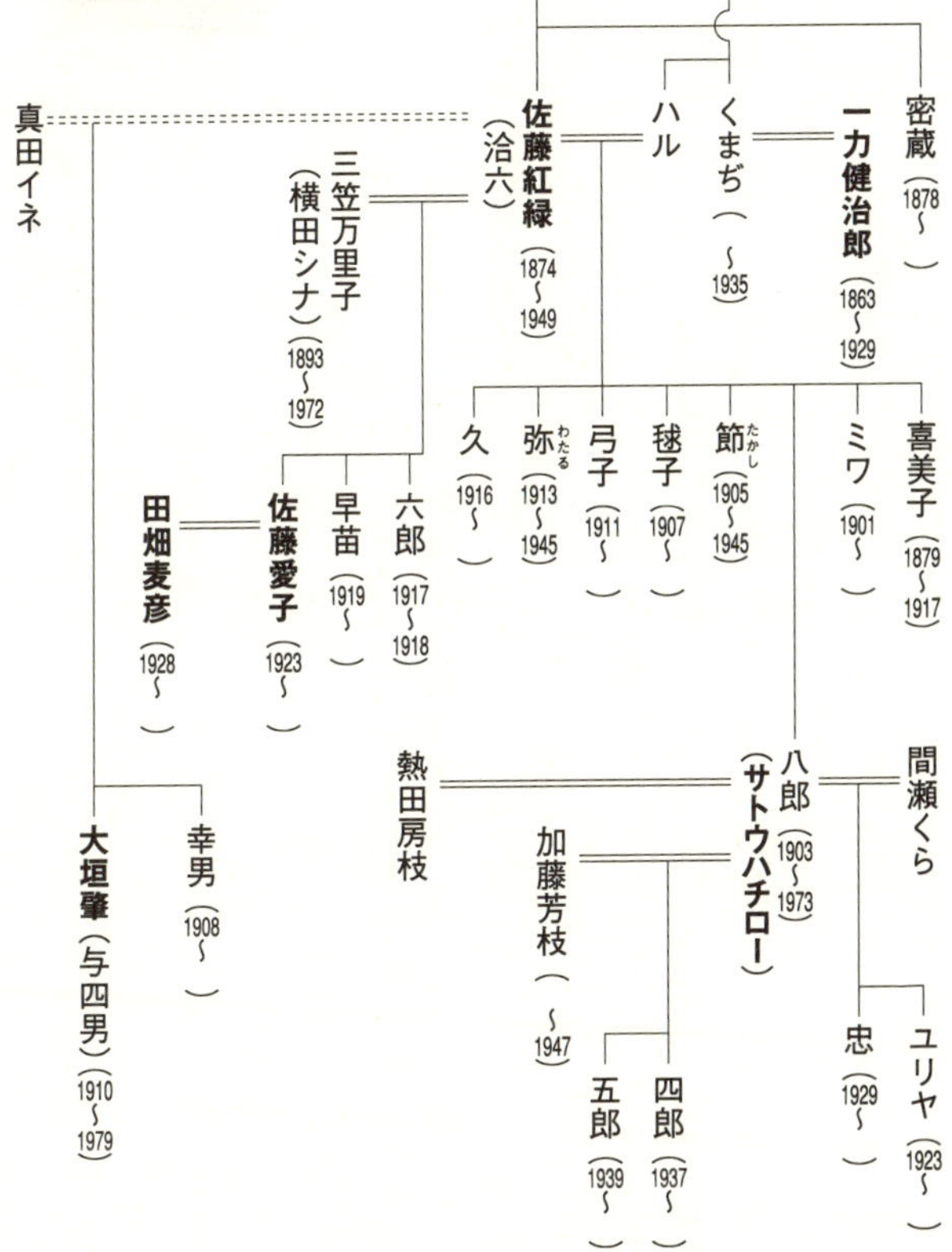
鈴木春山(しゅんざん)（淳）（1820～1896）
佐藤弥六（1842～1923）
支那
佐藤紅緑（洽六）（1874～1949）
ハル
くまぢ（～1935）
一力健治郎（1863～1929）
密蔵（1878～）
真田イネ
三笠万里子（横田シナ）（1893～1972）
喜美子（1879～1917）
ミワ（1901～）
節(たかし)（1905～1945）
毬子（1907～）
弓子（1911～）
弥(わたる)（1913～1945）
久（1916～）
六郎（1917～1918）
早苗（1919～）
佐藤愛子（1923～）
田畑麦彦（1928～）
間瀬くら
八郎（サトウハチロー）（1903～1973）
熱田房枝
加藤芳枝（～1947）
ユリヤ（1923～）
忠（1929～）
四郎（1937～）
五郎（1939～）
幸男（1908～）
大垣肇（与四男）（1910～1979）

與謝野鉄幹・晶子の一族

與謝野鉄幹（寛）は京都の僧侶の子に生れたが、若くして詩歌に才能を示した。**與謝野晶子**は堺の商家に生れた。本名鳳しやう。少女時代から文藝に親しみ、長じて大阪文壇に頭角を現したが、鉄幹と出会って恋に落ち、上京した。鉄幹には妻滝野がいたがこれを離縁、晶子と結婚するが、山川登美子との三角関係はよく知られ、当時鉄幹は文壇の色魔として『文壇照魔鏡』という匿名の著で攻撃された。鉄幹は文藝誌『明星』を創刊し、晶子は性愛を大胆に詠んだ歌集『みだれ髪』を出して一躍有名となり、その名声はたちまち夫を凌いだ。鉄幹は名を寛に戻し、『明星』休刊後、原稿依頼の多い晶子に対して不遇に苦しみ、衆議院選挙に出るが落選、パリへ行く。晶子はあとを追ってパリへ行き、終生夫を愛した。寛は僧侶の家に生れ、二度も養子に出されたが、與謝野家へ戻った。次兄は本願寺派の著名な僧侶**赤松連城**の養子となり、その長男**赤松智城**は龍谷大学教授を務めた仏教研究家の僧、四男**赤松克麿**は吉野作造の女婿で社会運動家、その妹**赤松常子**も労働運動、女性運動家で、戦後、民社党に参加した。

晶子の兄鳳秀太郎は工学博士で東京帝大教授を務めたが、駆け落ちの際、晶子は義絶されていた。日露戦争の際、従軍した弟籌三郎を懸念して作った詩「君死にたまふこと勿れ」は有名で、当時非難する者はあったが、晶子に反戦思想があったわけではない。「すめらみことはみいくさにおんみずからはいでまさね」（天皇は自分では戦場に出ない）とあるが、大逆事件以前は、この程度のことで政府筋から咎められることはなかった。その大逆事件で被告となった大石誠之助は鉄幹の友人だったので、頼まれて弁護をした平出修は、夫妻のよき理解者だった。大石の甥西村伊作は文化学院を作り、夫婦は講師を務めた。寛は一時期慶応の教授も務めた。

晶子は十一人の子供を産む傍ら旺盛な執筆活動を行った。長男光は上田敏が「くわう」として命名したのであり、光源氏とは関係ないという。四男が生れた時は、パリでロダンに会った感激から、名をアウグストと名づけたが、のち改名。明治末から『源氏物語』の現代語訳に初めて着手し、昭和に入ってこれを完成させた。夫婦とも、戦争期に没した。なお晶子と有島武郎の間に恋があったというのが永畑道子の『華の乱』の説で、吉永小百合主演で映画にもなりよく知られているが、與謝野家の人々は否定している。筆者も、ありえないと思う。

與謝野光は医師になり、妻の迪子は、出版業者で晶子の友人だった**小林天眠（政治）**の三女、また次女七瀬の夫山本直正は、有島武郎の妹の次男である。次男**與謝野秀**は外交官になり、イスパニアなど各国大使を務めた。その長男が現在自民党代議士の**与謝野馨**、次女五味恭子は、生後すぐ、子供のなかった長男光の養女となり、鉄幹・晶子の著作権継承者となった。

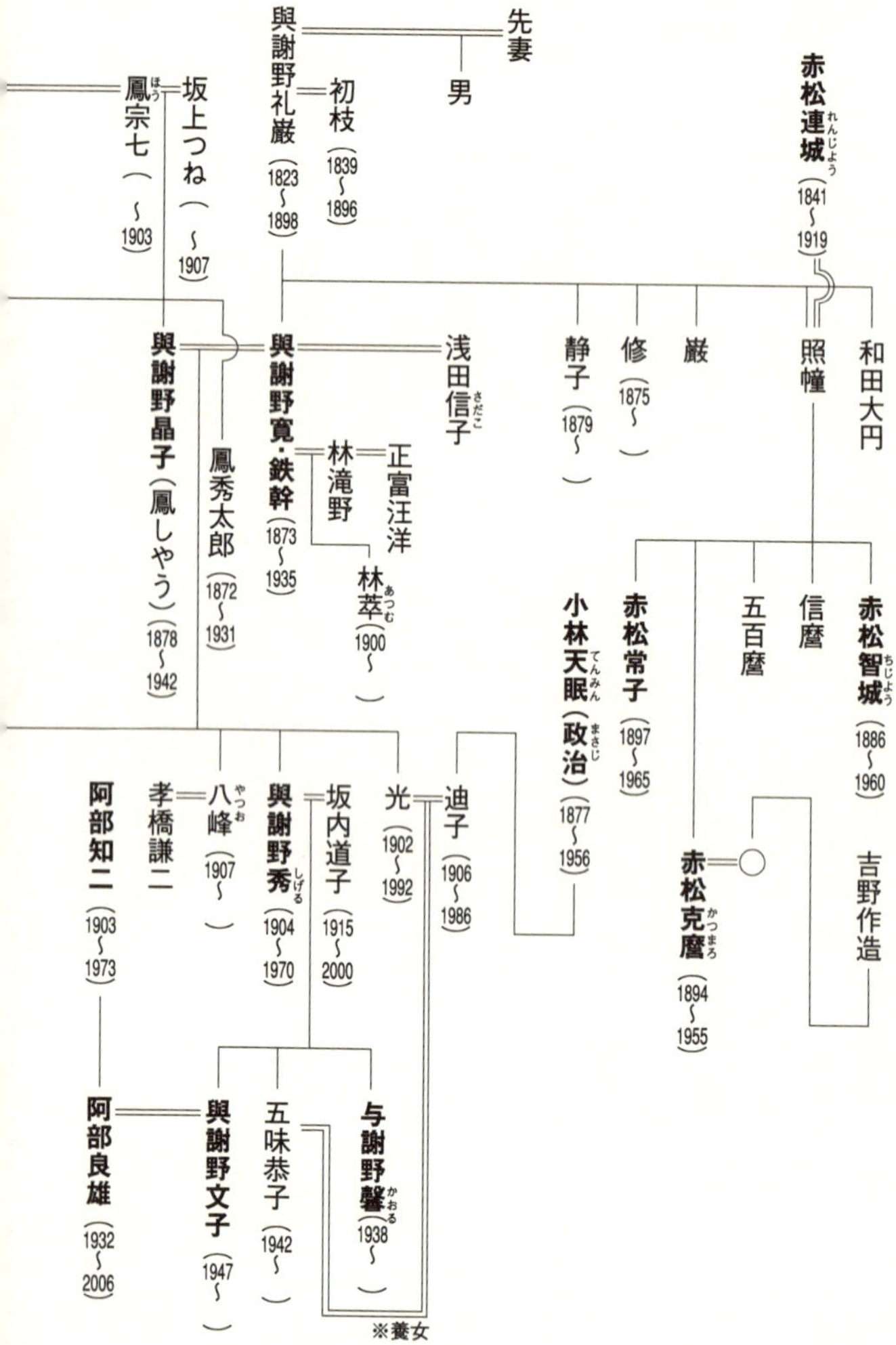

赤松連城（れんじょう）（1841〜1919）
和田大円
照幢
巌
修（1875〜　）
静子（1879〜　）
先妻
男
與謝野礼巌（1823〜1898）
初枝（1839〜1896）
坂上つね（　〜1907）
鳳（ほう）宗七（　〜1903）
赤松智城（ちじょう）（1886〜1960）
信麿
五百麿
赤松常子（1897〜1965）
小林天眠（てんみん）（政治（まさじ））（1877〜1956）
浅田信子（さだこ）
正富汪洋
林滝野
與謝野寛・鉄幹（1873〜1935）
林萃（あつむ）（1900〜　）
鳳秀太郎（1872〜1931）
與謝野晶子（鳳しやう）（1878〜1942）
吉野作造
赤松克麿（かつまろ）（1894〜1955）
迪子（1906〜1986）
光（1902〜1992）
坂内道子（1915〜2000）
與謝野秀（しげる）（1904〜1970）
八峰（やつお）（1907〜　）
孝橋謙二
阿部知二（1903〜1973）
与謝野馨（かおる）（1938〜　）
五味恭子（1942〜　）
與謝野文子（1947〜　）
阿部良雄（1932〜2006）
※養女

■與謝野鉄幹・晶子の一族

前妻

てる＝竹村茂

はな

籌三郎（ちゅうさぶろう）→宗七（1880〜）＝薮せい

里（1883〜）＝志知善友

七瀬（1907〜）＝山本直正

直久（長男）

直忠—直純

麟（1909〜）

佐保子（1910〜）

宇智子（うじこ）（1911〜）＝加藤賢三

アウグスト・昱（いく）（1913〜）＝湯地国恵

エレンヌ（1915〜）＝田村正男

光正（てる）

健（1916〜）＝国府米子

藤子（1919〜）＝森芳介

三女はフランス文学・美術の研究家**與謝野文子**（本名阿部文子）で、その夫は東大教授だったフランス文学の**阿部良雄**、その父は英文学者で作家の**阿部知二**である。

萩原朔太郎、葉子の一族

高村光太郎、宮沢賢治と並んで近代日本を代表する詩人**萩原朔太郎**の生涯は、ある不幸感に満ちている。前橋に生れた朔太郎は、美しい妹たちと親しく人生を送ったが、上田稲子と結婚し、葉子、明子（あきらこ）の二女を儲けつつ離婚、同年の谷崎潤一郎の末妹と見合いをしたがうまく行かなかった。朔太郎の末妹の愛子は、最初の離婚後の谷崎と見合いをしたがやはり成立せず、詩人の**佐藤惣之助**と結婚した。朔太郎は二十六歳年下の大谷美津子と再婚したが、母との折り合いが悪くほどなく別居、家の覇権を握る母の圧迫の下、五十代で病死し、佐藤惣之助も後を追うように死んだ。

長女**萩原葉子**は、戦前結婚して、男児を儲けたが戦後離婚、『父・萩原朔太郎』で作家としてデビューし、『蕁麻（いらくさ）の家』で朔太郎死去をめぐる暗鬱な家庭内の暗闘を描いて人々を驚かせた。朔太郎から一字とったその息子**萩原朔美**（さくみ）は、寺山修司の「天井桟敷」に参加した後、映像作家、俳優、エッセイストなどとして活躍し、多摩美術大学教授。葉子は八十近くなってダンスに熱中して再度人々を感嘆させたが、二〇〇六年、長逝した。

■萩原朔太郎の一族

玄碩——栄次（〜1936）

萩原密蔵（1852〜1930）＝ケイ（慶）（1867〜1951）

上田稲子（1899〜）＝**萩原朔太郎**（1886〜1942）＝大谷三津子（1912〜1961）

広瀬秀吉＝若子（ワカ）（1890〜）

幸子（1894〜）＝津久井惣治郎

弥六（1898〜）

み禰（峰子）（1900〜）

愛子（1904〜）＝**佐藤惣之助**（1890〜1942）

大塚正雄＝**萩原葉子**（1920〜2006）

明子（あきらこ）（1922〜）

萩原朔美（さくみ）（1946〜）

有島武郎、里見弴、山本直純の一族

作家**有島武郎**（たけお）は、薩摩藩の下級武士有島家の長男として生れた。父は事業に成功し、家は資産家だった。妹二人、弟四人があり、次男壬生馬（みぶま）は**有島生馬**（いくま）と改名して、文藝・藝術活動を行ったが、専ら藤島武二門下の洋画家として知られ、四弟は、母の実家を継いで山内（やまのうち）英夫となったが、筆名**里見弴**（とん）で小説家として知られた。

武郎は、志賀直哉らの『白樺』に参加し、人道主義を掲げたが、「カインの末裔（まつえい）」で一躍人気作家となり、志賀とは違う道を進んだ。三人の男子を儲けた妻を早くに失い、子供たちに向けて書いたのが「小さき者へ」である。その他「惜しみなく愛は奪ふ」「生れ出づる悩み」などで知られるが、代表作は、国木田独歩の最初の妻をモデルにした長編『或る女』である。欧米留学によって、民主主義の思想家でもあるアメリカの詩人ホイットマンや、トルストイの思想に影響を受け、北海道の土地を小作農たちに解放した。だが思想上、生活上の悩みが多く、中央公論社の記者で華族夫人だった**波多野秋子**と、大正十二年、関東大震災の三カ月前に軽井沢で心中した。

その長男有島行光（ゆきてる）は、**森雅之**の藝名で俳優となり、戦前から戦後にかけて、二枚目俳優として活躍した。成瀬巳喜男（なるせみきお）監督、林芙美子原作の『浮雲』の女たらしの役が代表的なものだろう。三男は母の実家を継いで神尾行三となった。

次男生馬は、ヨーロッパで絵画を学び、日本藝術院会員、文化功労者。里見弴は、武郎と異なり放蕩者で、大阪の藝妓山中まさを妻にし、大正から昭和にかけて、『今年竹（ことしだけ）』、『多情仏心（たじょうぶつしん）』のような、遊蕩男の真実を訴える作品を書き人気があったが、戦後の風潮に合わなくなり、読まれなくなった。「彼岸花」「秋日和」は小津安二郎によって映画化されたが、小津の映画は、それ以前から里見の作品の影響を受けていた。そのプロデューサーを務めたのは、里見の四男**山内静夫**で、静夫は松竹取締役を経て鎌倉文学館館長を務めた。里見はしかし戦後も数々の賞を受け、長命を保って文化勲章を受章したが、今なお一冊の研究書も伝記もない。再評価がなされるべき作家である。

武郎の妹有島愛は、実業家の山本直良に嫁いだが、その子が作曲家の直忠、直忠の子が作曲家・指揮者の**山本直純（なおずみ）**である。直純の妻**岡本正美**も作曲家で、美智子皇后作詞の「ねむの木の子守唄」を作曲している。長男**山本純ノ介**は作曲家、次男**山本玲ノ介**はチェリストとして活躍中である。直純も、タレント的な活動のためもあって正当に評価されていないが、その親しみやすいメロディーからなる音楽は再評価されるべきであろう。

■有島武郎の一族

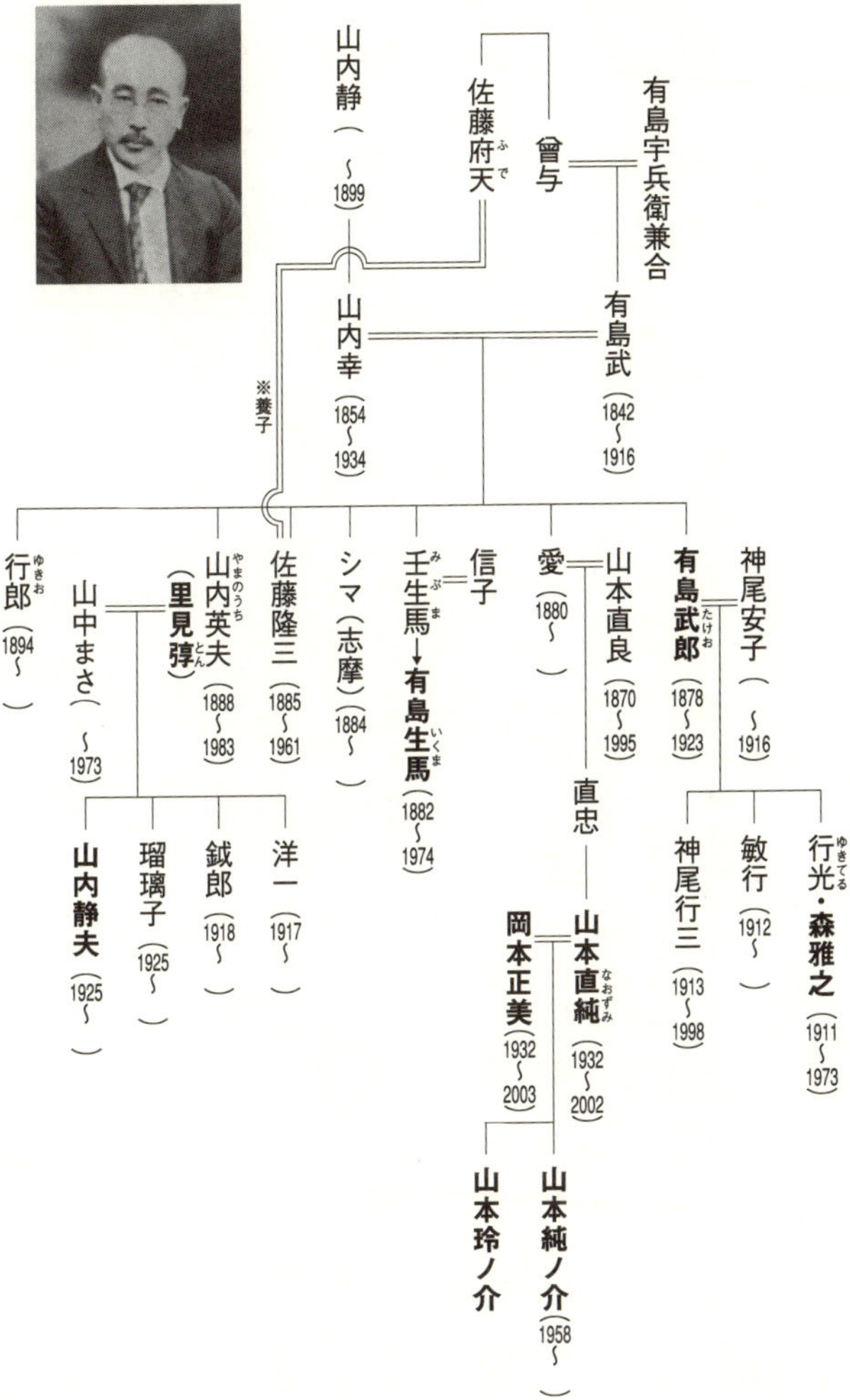

有島宇兵衛兼合
曾与
佐藤府天（ふで）
山内静（～1899）
有島武（1842～1916）
山内幸（1854～1934）
※養子
神尾安子（～1916）
有島武郎（たけお）（1878～1923）
山本直良（1870～1995）
愛（1880～）
信子
壬生馬（みぶま）→有島生馬（いくま）（1882～1974）
シマ（志摩）（1884～）
佐藤隆三（1885～1961）
山内英夫（やまのうち）（里見弴（とん））（1888～1983）
山中まさ（～1973）
行郎（ゆきお）（1894～）
行光（ゆきてる）・森雅之（1911～1973）
敏行（1912～）
神尾行三（1913～1998）
直忠
山本直純（なおずみ）（1932～2002）
岡本正美（1932～2003）
洋一（1917～）
鉞郎（1918～）
瑠璃子（1925～）
山内静夫（1925～）
山本純ノ介（1958～）
山本玲ノ介

谷崎潤一郎の一族

谷崎潤一郎の父は婿養子で、母の父谷崎久右衛門は、一代で財をなした人であった。その係累には、直接の血のつながりのある有名人は、弟の**谷崎精二**くらいで、精二も兄に倣(なら)って小説家を目指したが、大成せず、早大文学部英文学教授として社会的成功を収めた。ほかに三人の妹と二人の弟があったが、長女は若くして病死した。「異端者の悲しみ」に出てくるのが、この妹である。しかし精二の次男**谷崎昭男**は、保田與重郎(やすだよじゅうろう)に師事し、今も文藝評論家として存命である。

潤一郎の係累は、むしろ結婚と、作品のモデルになったことで有名である。最初の妻は前橋出身の小林（石川）千代で、もと谷崎の愛人だった藝妓の妹で、一時期藝妓をしていた。間に娘鮎子が生まれたのが、谷崎の唯一の実子である。その千代の妹**小林せい子**が、『痴人の愛』のナオミのモデルで、実際谷崎はせい子が十六歳の頃から情交をもっていた。昭和五年、谷崎はこの妻を離婚し、友人の佐藤春夫に「譲渡」して世間を騒がせたが、『蓼(たで)喰ふ虫』に描かれているのは、それより前、後の作家・大坪砂男、本名和田六郎に譲ろうとして、佐藤の反対で流れた時のことだ。千代は佐藤との間に**佐藤方哉**(まさや)を産んだ。方哉は心理学者になり、慶応大学

■谷崎潤一郎の一族

小中村清矩
谷崎久右衛門（1831〜1888）

晋子＝江澤藤右衛門
花＝江澤久兵衛
半
関（1864〜1917）＝江澤倉五郎（1854〜1919）
二代目久衛門（1869〜1921?）

初子（1883〜?）
せい子（1902〜1996）
佐藤春夫＝千代（1896〜1982）
谷崎潤一郎（1886〜1965）＝古川丁未子（とみこ）
郁子＝**谷崎精二**（1890〜1971）＝富士子
園（1896〜1911）
林伊勢（1899〜1994）
終平（1908〜1990）

佐藤方哉（まさや）（1932〜）
竹田龍児（りょうじ）（1908〜1994）＝鮎子（1916〜1994）
英男（1923〜）
谷崎昭男（1944〜）

百々子（ももこ）（1941〜）
長男（ながお）（1946〜）

森田安松（1864〜1928）
子爵　松平康春

（卜部）森田詮三＝朝子（1899〜1981）
谷崎潤一郎＝**谷崎松子**（1903〜1991）＝根津清太郎（1900〜1956）
恵美子
重子＝渡辺明（1898〜1949）
清治
信子（1910〜1997）

橋本関雪（かんせつ）（1883〜1945）
高折隆一＝妙子
渡邊千萬子（ちまこ）（1931〜）＝（渡辺）清治（せいじ）（1924〜）
（谷崎）恵美子（1929〜）＝**観世榮夫**（かんぜひでお）（1927〜2007）
高萩宏＝**渡辺たをり**（1953〜）

教授を務めた。また鮎子は佐藤の甥の竹田龍児（りょうじ）と結婚し、竹田はベトナム史専攻でやはり慶応大教授を務めた。

しかし何と言っても、三番目の妻**谷崎松子**こそ、『細雪』の幸子のモデルとして谷崎の周辺をにぎやかにしている。松子は大阪の富商森田家の次女として生まれ、その四姉妹がこの長編の中心となっている。松子は当初、当時大阪一の豪商だった根津家の跡取りである根津清太郎と結婚して、清治（せいじ）、恵美子の二人を産んだが、谷崎との恋愛の末、二番目の夫人古川丁未子（とみこ）と結婚して二年たたないうちに、谷崎はこれを捨てて松子と同棲、遂に結婚する。恵美子は後に養女となり、能楽の**観世榮夫**（かんぜひでお）と結婚した。森田重子は、『細雪』の雪子だが、津山藩主の子孫松平康春の弟で、渡辺家へ養子に出た渡辺明と結婚したが、子がなく明が五十代で死んだため、根津清治を養子にし、日本画家**橋本関雪**（かんせつ）の孫娘と結婚させた。これが、『瘋癲（ふうてん）老人日記』のモデルとなった**渡邊千萬子**（ちまこ）である。清治・千萬子の間に産まれた**渡辺たをり**は谷崎にかわいがられ、のち『祖父　谷崎潤一郎』を上梓している。たをりの夫は、世田谷パブリックシアターのジェネラルプロデューサーで、演劇評論も行う高萩宏である。

芥川龍之介、比呂志、也寸志の一族

芥川龍之介は、不幸な生い立ちを持っている。牛乳業を営む新原敏三（にいはらとしぞう）、フクの長男として生まれたが、生後七カ月で母が発狂し、十歳の時に死んだ。敏三は手伝いに来ていたフクの妹フユとの間に次男得二を儲け、フクの死後入籍している。そして龍之介は、新原家の長男でありながら、母の実家芥川家の養子となったのである。東京帝大英文科在学中、「鼻」で夏目漱石に認められて文壇に出たが、当初は海軍機関学校の英語教師、二十七歳の時から大阪毎日新聞に小説家として就職していた。塚本文子（ふみこ）と結婚して三男を儲けたが、昭和二年自殺したのはよく知られている。しばしば遺書にある「ぼんやりとした不安」が、その後の日本の軍国主義を予見していたなどと言われるが全くのこじつけで、遺伝的な精神疾患、人妻秀（ひで）しげ子との情事、金の問題などで悩まされており、死後谷崎潤一郎が言った通りあまりに神経の細い人だった。龍之介の弟子には堀辰雄がおり、また年長の歌人・片山広子、アイルランド戯曲の翻訳家として松村みね子の筆名をもつ人にも龍之介は恋歌を捧げており、堀の私小説的短編には、芥川や広子が登場する。

三人の子はそれぞれ万葉仮名を使って命名したが、次男**芥川多加志**（たかし）は太平洋戦争で戦死し、長男**芥川比呂志**（ひろし）は文学座の俳優・演出家として、三男**芥川也寸志**（やすし）は作曲家として活躍したが、いずれも六十代で死んでいるのは、薄命の家系を示している。芥川家は同時に美男の家系でもあり、生前から流布していた龍之介の写真は、多くの女性ファンを作り、その人気は常にその風貌とセットだったと言ってもいいだろう。也寸志もまた、テレビの音楽番組の司会で人気があった。也寸志は最初の妻との間に二女を儲け、二人目の妻は女優の**草笛光子**で、三回結婚した。最初の妻は離婚後、画家間所（まどころ）沙織として活躍した。也寸志の死後、也寸志を記念して芥川音楽賞が設けられた。

　龍之介の姉ヒサは西川豊に嫁いで二子を儲け、姉のほうが比呂志の妻となった**芥川瑠璃子**で、ヒサがそれ以前に嫁いでいた葛巻（くずまき）との間に生れた**葛巻義敏**（よしとし）は、芥川の死後、草稿などの整理を行った。男たちの薄命と対照的に、芥川家の女たちはよくその一族について筆を執っており、瑠璃子、その三女耿子（てるこ）、也寸志の長女麻実子に著作がある。麻実子はタレント活動をしており、その著作が出た時は「芥川龍之介の孫娘がヌードを披露」と宣伝されたが、挿入されていた写真は体の一部を撮影した、ヌードとは言えないものだった。

　養父の方の親類に、森鷗外が描いた徳川末期の通人、**細木香以**（さいきこうい）がいる。

■芥川龍之介の一族

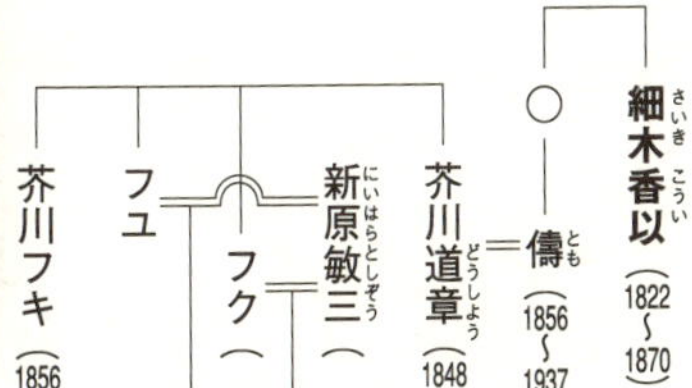
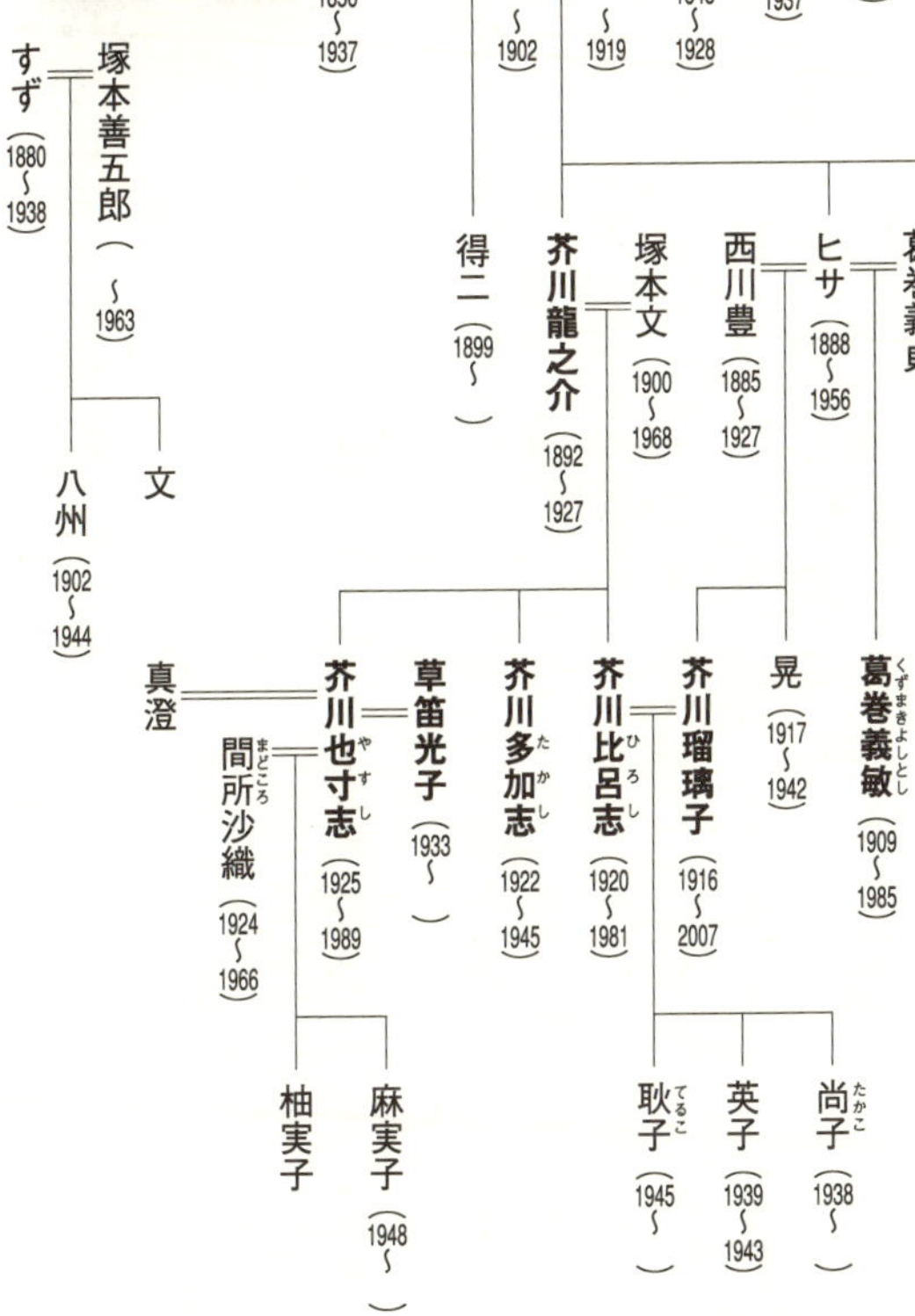

細木香以（さいきこうい）（1822〜1870）
○
儔（とも）（1856〜1937）
芥川道章（どうしょう）（1848〜1928）
新原敏三（にいはらとしぞう）（〜1919）
フク（〜1902）
フユ
芥川フキ（1856〜1937）
長女夭折
葛巻義貞
ヒサ（1888〜1956）
西川豊（1885〜1927）
塚本文（1900〜1968）
芥川龍之介（1892〜1927）
得二（1899〜）
塚本善五郎（〜1963）
すず（1880〜1938）
文
八州（1902〜1944）
葛巻義敏（くずまきよしとし）（1909〜1985）
晃（1917〜1942）
芥川瑠璃子（1916〜2007）
芥川比呂志（ひろし）（1920〜1981）
芥川多加志（たかし）（1922〜1945）
草笛光子（1933〜）
芥川也寸志（やすし）（1925〜1989）
真澄
間所沙織（まどころ）（1924〜1966）
尚子（たかこ）（1938〜）
英子（1939〜1943）
耿子（てるこ）（1945〜）
麻実子（1948〜）
柚実子

寺田寅彦、安岡章太郎、別役実の一族

この三人の文学者は親戚である。いずれも土佐の郷士の家柄だ。関ヶ原の戦いのあとで山内家が土佐藩主となったが、山内譜代の家臣が上士、以前の領主長宗我部氏の家臣「一領具足組」と呼ばれるのが下士、郷士と言われる。武市半平太、坂本竜馬など勤皇の志士はこの下士から出たが、板垣退助は上士である。

寺田寅彦は優れた物理学者で東京帝大教授を務める傍ら、夏目漱石に師事し、**吉村冬彦**の名で多くの随筆を書き、今なお愛読されている。私生活では、二人の妻が早世するなど不幸が多かったが、その先祖宇賀氏に、文久二年、井口村事件と呼ばれる刃傷事件があり、十六歳の少年が切腹して兄が介錯した。寅彦は先祖に起きたこの事件を漱石に話したらしく、『それから』に取り入れられている。姉・幸の孫に当たる伊野部重一郎は古代史研究者。寅彦の末娘雪子は、社会評論家**青地晨**(本名青木滋)に嫁いだが早世している。

土佐に安岡姓の家は多く、**安岡章太郎**の『流離譚』は、その先祖で、天誅組に加わり処刑された安岡嘉助と、戊辰戦争で戦死したその兄覚之助を中心に描いたものである。「一例を上げれば、私の五代前の先祖の安岡広助正雄は、本家からお下家へきた養子であるが、本家の平四

郎正利（広助の兄）のところへは広助の妻の姉が嫁に行っている。そして平四郎の子、平八は広助の娘と結婚し、そのまた娘（つまり広助の孫娘）は広助の孫恒之進のところへ嫁に行くが、本家のあととりが死ぬと離別して本家に戻り、やはり広助の孫に当る覚之助をこんどはお西家から養子に迎える、といった具合だ。このようにして四軒の安岡家は、何代にもわたって息子や娘を、やったりとったりグルグルと交換しているわけだが、こんなに閉鎖的な血族結婚をつづけたのは、一つには前にも述べたように郷士同士でなければ結婚できなかったこと……」。安岡はこの長編史伝を書くため、家に伝わる古文書の解読を、在野の古文書研究家北小路健に頼んだが、北小路は安岡に勧めて、関係ある土地を歩いたという。北小路の名著『古文書の面白さ』（新潮選書）に書いてある。安岡の父章は獣医で、母の死は『海辺(かいへん)の光景』に描かれている。章太郎の娘**安岡治子**はロシヤ文学者で、現在東大准教授である。

寅彦の年の離れた姉駒はやはり土佐郷士の別役(べっちゃく)家に嫁ぎ、その長男が励夫(れいふ)である。甥に当たるが寅彦の一歳年長で仲がよかった。しかし励夫は憲夫を儲けたあと若死にし、妻は英国人マラバーに再嫁、憲夫を連れて横浜、神戸に住み、谷崎潤一郎の末弟・終平は少年時代憲夫と親友だったと書いている（『懐しき人々』）。憲夫は東京外国語学校露語科卒、満州国総務庁情報課事務官。満州で生れた長男が劇作家の**別役実(べつやくみのる)**である。憲夫は敗戦前に死んだ。「総務庁勤務中に同人誌の作成を計画したり、アマチュア劇団に参加したりしていた」（「別役実自筆年

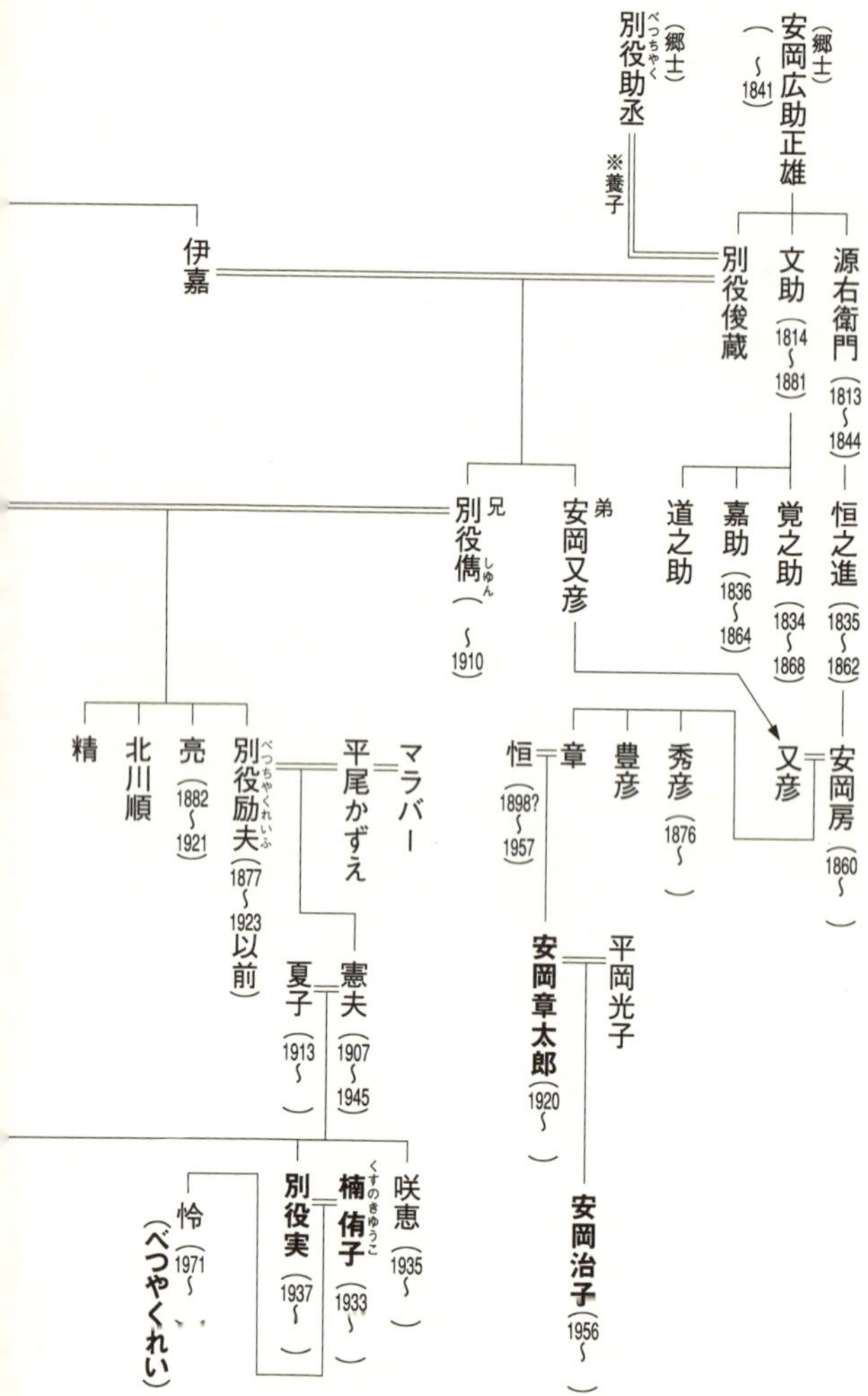

（郷士）安岡広助正雄（～1841）
（郷士）別役助丞（べっちゃく）
※養子
源右衛門（1813～1844）
文助（1814～1881）
別役俊蔵
伊嘉
恒之進（1835～1862）
覚之助（1834～1868）
嘉助（1836～1864）
道之助
弟 安岡又彦
兄 別役儁（しゅん）（～1910）
安岡房（1860～）
又彦
秀彦（1876～）
豊彦
章
恒（1898?～1957）
安岡章太郎（1920～）
平岡光子
安岡治子（1956～）
マラバー
平尾かずえ
別役励夫（べっちゃくれいふ）（1877～1923以前）
亮（1882～1921）
北川順
精
憲夫（1907～1945）
夏子（1913～）
咲恵（1935～）
楠侑子（くすのきゆうこ）（1933～）
別役実（1937～）
怜（1971～）（べつやくれい）

■寺田寅彦の一族

宇賀市良平

寺田久右衛門

（寺田）宇賀利正（1873〜1913）

亀（1843〜1926）

宇賀喜久馬（1843〜1861）

駒（1859〜　）

伊野部幸（1865〜1934）

繁（1867〜1875）

寺田寅彦（吉村冬彦）（1878〜1935）

○

伊野部重一郎（1911〜　）

杏（1939〜　）

雪（1941〜　）

東（1943〜　）

酒井紳子

浜口寛子（ゆたこ）（1886〜1917）

阪井夏子（1883〜1902）

森博道（　〜1930）

森貞子（1901〜1983）

博芳

東一（1907〜1990）

正二（1909〜1966）

関弥生（1912〜　）

関四郎

青木雪子（1915〜1940）

青木滋（青地晨（あおちしん））（1909〜1984）

譜」）。引き上げ後の別役一家は、寺田寅彦旧宅に、曾祖母駒らと一緒に住んでいたという。別役を「べつやく」としたのは、筆名といえよう。不条理劇の劇作家として知られ、童話、不条理エッセイ、犯罪評論も出している。妻は女優の**楠侑子**（くすのきゆうこ）、娘はイラストレーターの**べつやくれい**である。

小山内薫、藤田嗣治の一族

明治末年、東京帝大系の文学者たちの先達であり、大正期新演劇運動の旗手だった**小山内薫**の父玄洋は代々の医師だった。妹は早くから小山内八千代の名で創作を発表していた才媛だったが、画家**岡田三郎助**に嫁ぎ、劇作家**岡田八千代**として活躍した。その母方の祖父小栗信は、幕臣だったらしい。小山内富子の『小山内薫』には、明治政府によって斬首された悲運の幕臣小栗上野介忠順の叔父に当たる旨記述があるが、http://kingendaikeizu.net/huzitatuguharu.htm によって訂正されている。

小栗信は陸軍に仕えたので、その家系は陸軍関係が多く、娘政は陸軍軍医総監藤田嗣章に嫁ぎ、その末子が画家の**藤田嗣治**である。またその姉キクはやはり陸軍軍医の蘆原信之に嫁いで、その四男が舞踊家の**蘆原英了**、五男が建築家、東大教授の**蘆原義信**である。

小山内薫は若くして急死したが、三男があり、長男徹は推理小説の翻訳をいくつか出しており、次男**小山内宏**はフィリピンの大学を卒業し、軍事評論家として知られ、それ以外にも児童文学など多数の著書がある。その妻**小山内富子**は児童文学作家として小山内藺の筆名をもつ。薫の姉禮子は障害者だったが、小栗分家を継ぎ、早世したので、薫の三男孝之が継いで小栗喬（たかし）となり、演劇の道へ進んで中村吉右衛門に師事し、市川扇升（せんしょう）を名乗ったが早世した。徹の娘美千絵は、『早稲田文学』の編集部に勤めていて作家志望の青年**立松和平**と知り合い結婚した。立松の本姓は横松で、娘の**横松桃子**はイラストレーター、また息子も**林心平**として文筆家の道を歩み始めている。

■小山内薫の一族

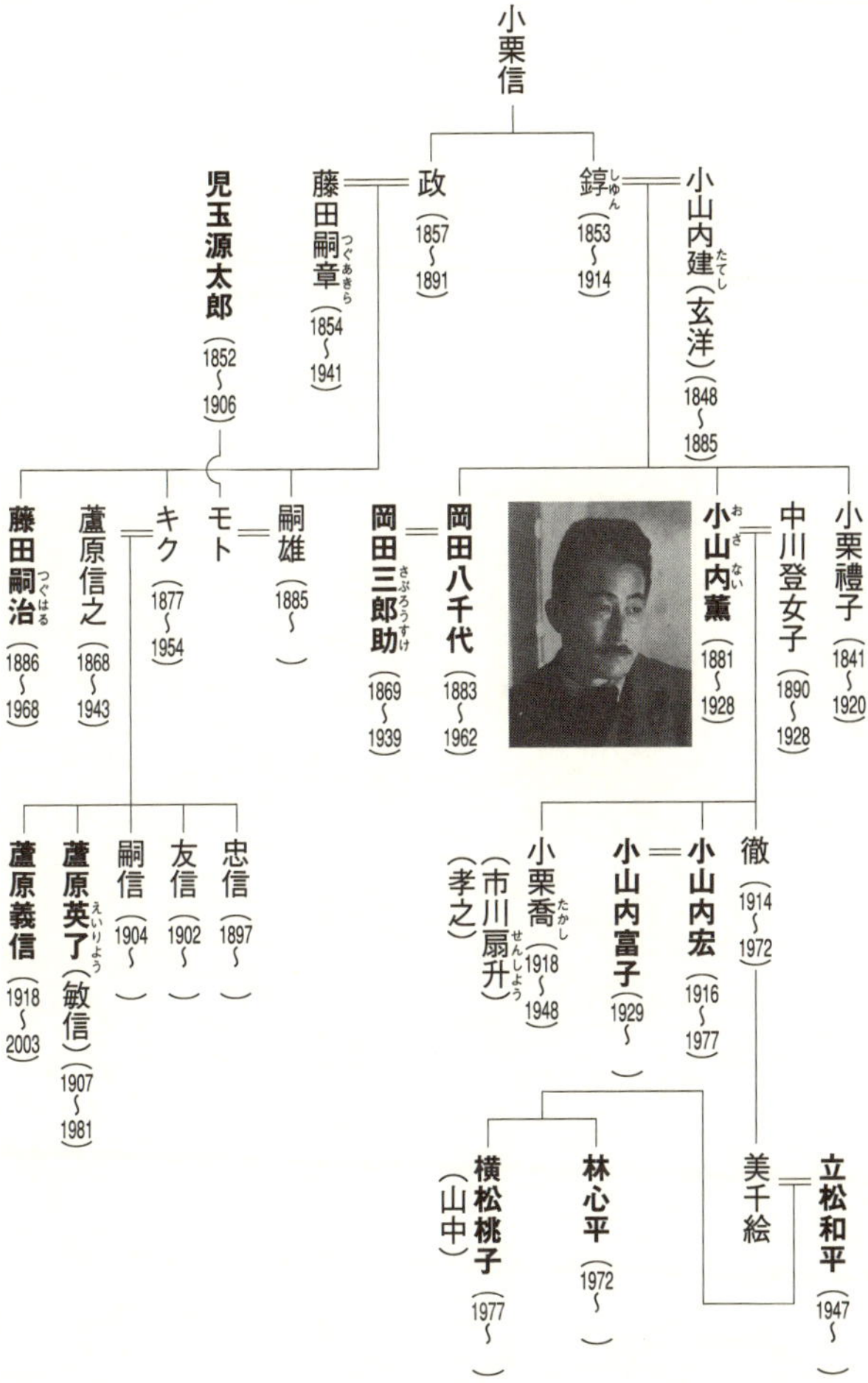

小栗信
政（1857〜1891）
藤田嗣章（つぐあきら）（1854〜1941）
錞（しゅん）（1853〜1914）
小山内建（たてし）（玄洋）（1848〜1885）
児玉源太郎（1852〜1906）
小栗禮子（1841〜1920）
中川登女子（1890〜1928）
小山内薫（おさない）（1881〜1928）
岡田八千代（1883〜1962）
岡田三郎助（さぶろうすけ）（1869〜1939）
嗣雄（1885〜　）
モト
キク（1877〜1954）
蘆原信之（1868〜1943）
藤田嗣治（つぐはる）（1886〜1968）
忠信（1897〜　）
友信（1902〜　）
嗣信（1904〜　）
蘆原英了（えいりょう）（敏信）（1907〜1981）
蘆原義信（1918〜2003）
徹（1914〜1972）
小山内宏（1916〜1977）
小山内富子（1929〜　）
小栗喬（たかし）（1918〜1948）
（市川扇升（せんしょう））
（孝之）
立松和平（1947〜　）
美千絵
林心平（1972〜　）
横松桃子（1977〜　）
（山中）

第四章　昭和の文学界、激動と変革の系譜

太宰治、津島佑子の一族

作家**太宰治**が生れた家は、青森県金木(かねぎ)町の新興地主・津島家である。父源右衛門は松木家から婿養子に入り、県会議員、衆議院議員、貴族院議員を務めた。半ば東京暮らしをする中で、成長した男子らは上から**文治**(ぶんじ)、英治、圭治で、母が数え三十六の時に生れたのが修治、後の太宰である。大正十二年、貴族院に初登院してほどなく父が五十三で急死すると、早稲田大学在学中に戯曲を書くような文学青年だった文治は、二十七歳で町長になる。圭治は朝倉文夫について彫刻を学ぶ藝術家志向だったが、昭和五年、若くして死去した。修治は弘前高校を出て東京帝大仏文科に入る。しかし左翼思想にかぶれ、放蕩の末、カフェの女給と心中を図り女だけ死ぬ。

以後の太宰が苦しみながら作家への道を歩んだことはよく知られている。師匠井伏鱒二の媒酌で石原美知子と結婚、二女一男をあげたが、次女里子が生まれた年、愛人の**太田静子**も女児を産んでいた。戦後の太宰は流行作家になったが、ほどなく山崎富栄と玉川上水で心中した。その間、長兄文治は県議から代議士に当選したが選挙違反で摘発され、辞職、戦後、初の民選の青森県知事になったが、太宰が心中したのはその時のことだった。文治は九年間知事を務めたが、その間、死んだ太宰は、夏目漱石と肩を並べるほどの、死後も読み継がれる作家になっていた。文治はしかし、谷崎潤一郎が好きで、谷崎の話ばかりしたという。谷崎は、太宰には何の関心も示していない。文治はその後代議士も務めたが、その後、娘陽と結婚した**田澤吉郎**が、自民党代議士、防衛庁長官を務めた。文治は昭和四十八年に没したが、晩年「今でも大勢の人が太宰を読むのはなぜか」と人に尋ね、「若い人が抱える悩みを描いているからじゃないですか」とその人は答えた。「もちろん文治はそんなことは承知していて、それを確認したかったのではないだろうか」と、『津島家の人びと』にはある。次兄英治は金木町長を務めた。

死後も読み継がれた太宰の印税は、残った母子を十分に支えただろう。長女園子は、上野雄二と見合いし結婚した。上野は昭和三十八年、東大卒、大蔵省に入り、パリの日本大使館に赴任するため結婚相手を探していた。文治の長男**津島康一**は俳優になったので、後継者を求めて文治は、雄二に、津島家を継いで政治家になってくれるよう頼んだ。雄二はこれを承諾し、**津島雄二**は、今では竹下派の後身である自民党津島派の会長である。養子なのに顔の形が太宰に似ている。また次兄英治の孫**津島恭一**は自民党で一期代議士を務め、現在国民新党所属の政治家。かつて津島家のお荷物だった修治だが、今や「太宰治の親戚」は立派なセールスポイントである。

次女里子は、**津島佑子**の筆名で小説家の道を歩み始め、昭和四十六年には最初の本を出した。中上健次らと同世代で、太宰と同じように芥川賞はとれなかったが、今や文壇の重鎮である。初期の私小説的作品を見ると、母津島美知子は、次女をスポイルしないように、父の印税を管理して、むやみに娘に与えなかったようだ。結婚して二児を儲けたが、男児を事故で失い、その後離婚、東大名誉教授（国文学）・詩人の**藤井貞和**（さだかず）と一緒になった。佑子は『火の山―山猿記』で母の一族について書いたが、父についてはほとんど語らない。佑子と同年の太宰の庶子は**太田治子**としてエッセイスト、作家、坪田譲治文学賞を受賞している。津島家の、文学と政治の血はそれぞれに分け与えられているようだ。

■太宰治の一族

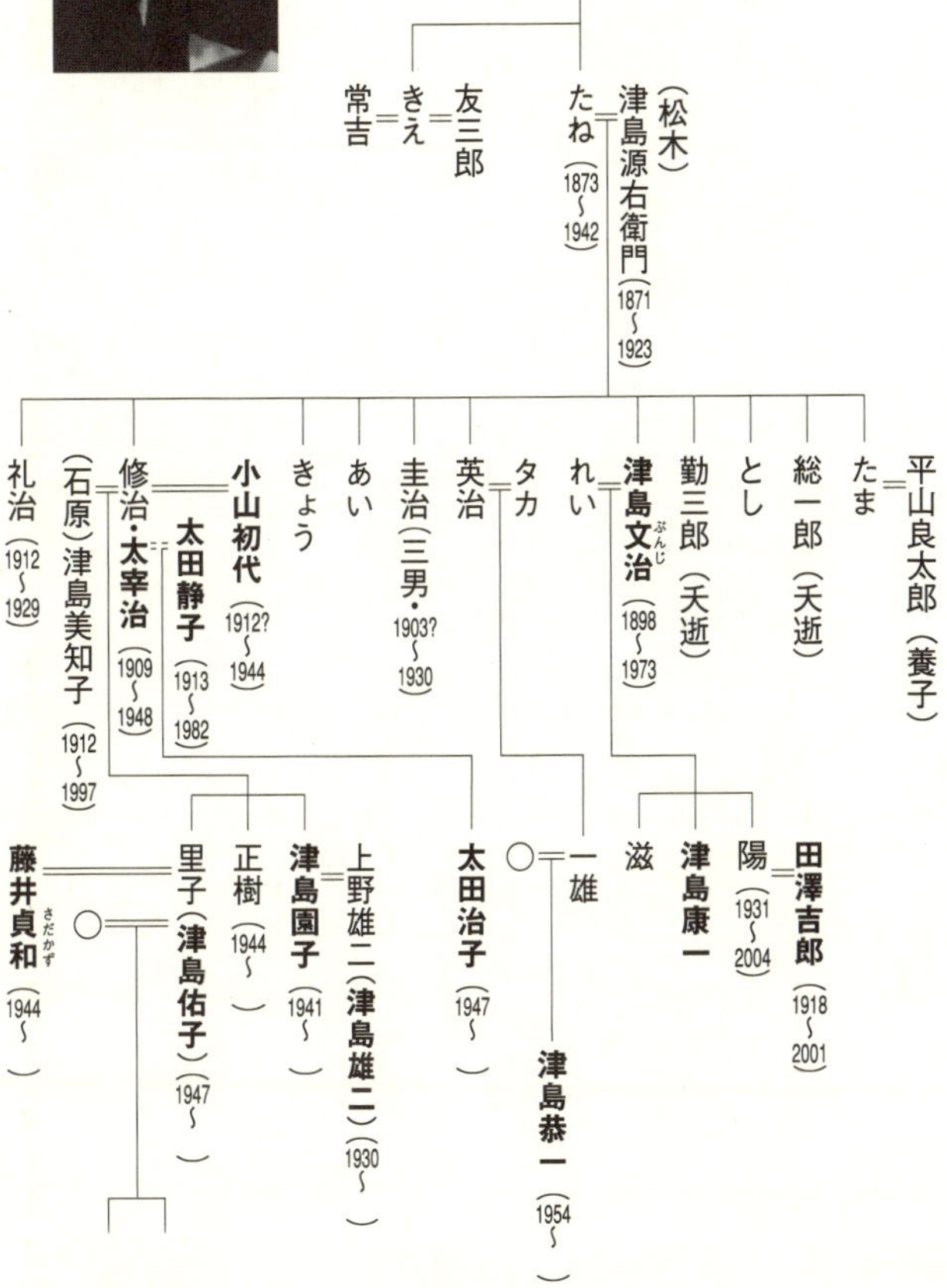
イシ（1857?～1946）
（松木）津島源右衛門（1871～1923）
たね（1873～1942）
友三郎
きえ
常吉
平山良太郎（養子）
たま
総一郎（夭逝）
とし
勤三郎（夭逝）
津島文治（1898～1973）
ぶんじ
れい
タカ
英治
圭治（三男・1903?～1930）
あい
きょう
小山初代（1912?～1944）
太田静子（1913～1982）
修治・太宰治（1909～1948）
（石原）津島美知子（1912～1997）
礼治（1912～1929）
田澤吉郎（1918～2001）
陽（1931～2004）
津島康一
滋
一雄
○
津島恭一（1954～）
太田治子（1947～）
上野雄二（津島雄二）（1930～）
津島園子（1941～）
正樹（1944～）
里子（津島佑子）（1947～）
○
藤井貞和（1944～）
さだかず

川端康成、香男里、若桑みどりの一族

川端康成が孤児であることはよく知られている。幼いころ、両親に続いて他家に預けられていた姉も死に、祖父と暮らしていたが、その祖父も「十六歳の日記」に描かれた状態のあとで死んだ。しかし、祖母、母ともに黒田家の出で、以後の康成は、川端の親戚と黒田の親戚の庇護と援助で、東京帝大に進んだ。川端の妻秀子が、いつ結婚したのか、長いこと謎だったが、一九八〇年から出た最新の全集に秀子夫人が文章を連載し、『川端康成とともに』として上梓されて、ようやく概略は分かったが、未だ謎はある。たとえば秀子の妹が若いとき同居していたというが、その名や婚家先が分からない。

川端夫婦には、子ができてもすぐ死んだり流産したりして成長したものがなかったため、親しくしていた従兄黒田秀孝の三女政子を養女としたが、なぜかそれが文献では「麻紗子」とされ、「戸籍名・政子」となっているのだが、一般人でしかないのになぜ変名が必要なのかも謎だし、その生年は一九三三年頃と推定されるが、明記されていない。麻紗子もまた、川端の死後、養父を語ろうとしていない。

麻紗子と結婚して川端家を継いだのが、英文学者**山本政喜**、以前筆名柾(まさき)不二夫を使ってい

■川端康成の一族

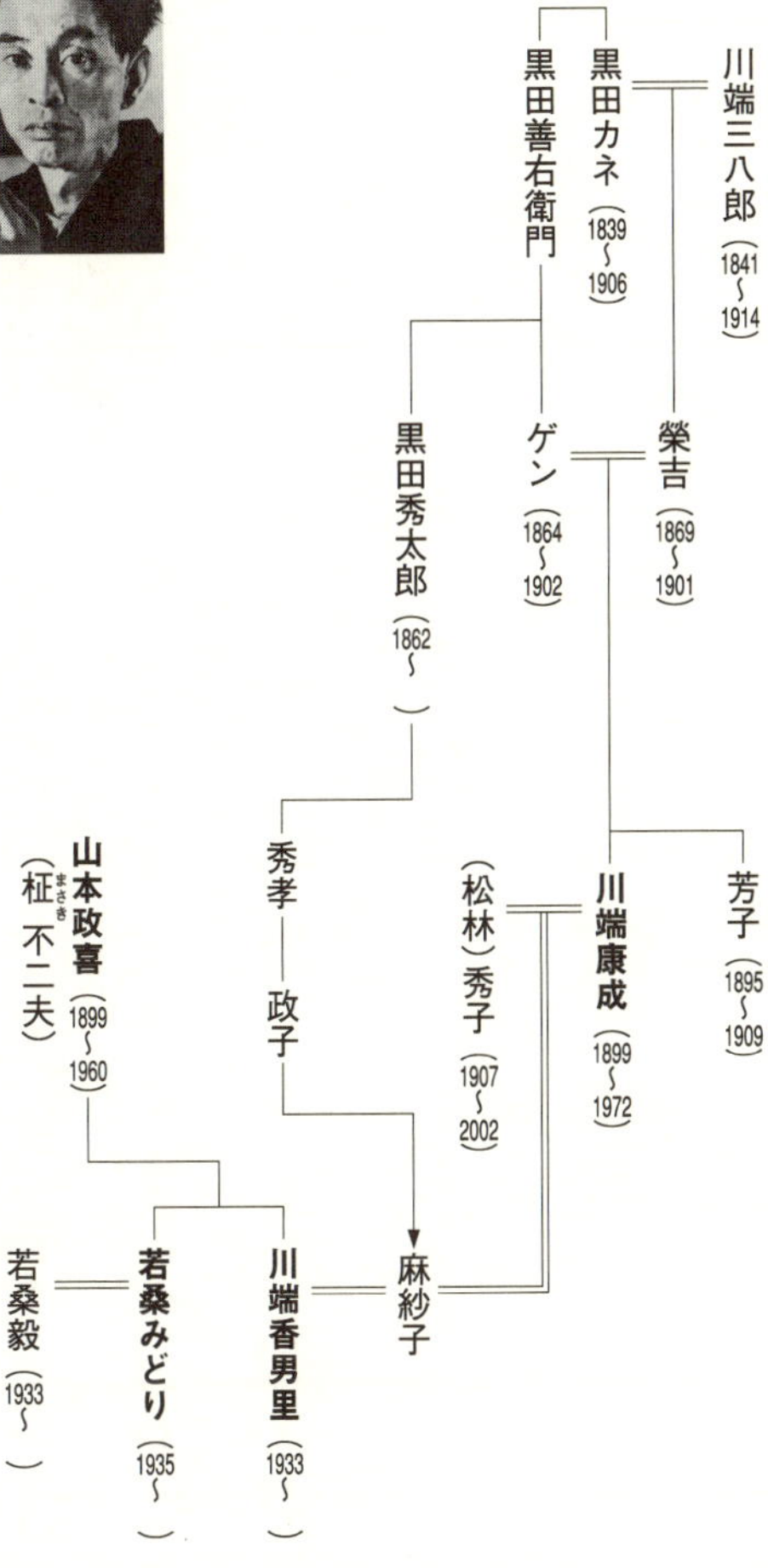

川端三八郎（1841〜1914）
黒田カネ（1839〜1906）
黒田善右衛門
榮吉（1869〜1901）
ゲン（1864〜1902）
黒田秀太郎（1862〜　）
芳子（1895〜1909）
川端康成（1899〜1972）
（松林）秀子（1907〜2002）
秀孝
政子
山本政喜（1899〜1960）
（柾不二夫）
麻紗子
川端香男里（1933〜　）
若桑みどり（1935〜　）
若桑毅（1933〜　）

た明治大学教授の三男、香男里である。東大教養学部フランス科から比較文学の大学院へ行き、ロシヤ文学者として東大にロシヤ文学の研究室を開いた**川端香男里**で、現在は東大名誉教授、川村学園女子大副学長である。香男里の実妹が、西洋美術史研究の**若桑みどり**で、千葉大名誉教授、元川村学園女子大教授。

川端については、臼井吉見がその自殺の「真相」を描いた小説『事故のてんまつ』が、名誉毀損で遺族に訴えられたこともあり（和解して絶版。その後の判例で、死者の名誉毀損は成立しにくいとされた）、伝記的に謎の部分が多い。また山本政喜についても、香男里、みどりともに語ろうとしない。謎の多い一族である。

野上彌生子、長谷川三千子の一族

野上豊一郎は大分県生れ、一高時代から夏目漱石に師事した英文学者で、号は**臼川**（きゅうせん）、能楽研究でも一家を成し、法政大学教授、総長を務め、同大に能楽研究所を設立、今なお法政大は能楽研究の中心である。やはり大分生れの小手川八重は明治女学校卒後、豊一郎と結婚、**野上彌生子**として漱石門下に入り、ブルフィンチの『伝説の時代』（その後『ギリシャ・ローマ神話』『中世騎士物語』として岩波文庫）を翻訳して漱石の跋文（ばつぶん）を貰い、その他「海神丸」などの小説を創作し、昭和初年、長編『真知子』を執筆、戦後、大長編『迷路』、『秀吉と利休』などで名声を確立し、文化勲章受章、百歳の長寿を保った。

長男**野上素一**（そいち）はイタリア文学専攻で京大教授としてイタリア文学初代主任を務め、『デカメロン』の翻訳などを行った。小松左京は京大イタリア文学科で素一の教え子であった。次男**野上茂吉郎**（もきちろう）は物理学者で東大教授、妻正子は労働運動家の**高野岩三郎**の娘である。三男野上燿三も物理学専攻で東大教授、その妻野上三枝子の父は東京帝大英文科初代教授**市河三喜**（さんき）で、母靖子は穂積陳重（ほづみのぶしげ）の娘、また素一の妻の祖父はやはり渋沢一族の渋沢喜作なので、渋沢家との繋がりも深いエリート一族である。燿三の娘が哲学者で保守派の論客**長谷川三千子**で、夫の長谷川晃（西涯）はハイデッガー哲学専攻、東京水産大学教授を務めた。一族とはいえ思想的には左右が入り乱れているが、良家とはそういうものかもしれない。

■野上彌生子の一族

渋沢喜作

千葉亀之助

野上豊一郎（臼川）（1883〜1950）

野上彌生子（小手川八重）（1885〜1985）

高野岩三郎（1871〜1949）

市河三喜

穂積陳重

重遠

靖子（妹）

静子

野上素一（1910〜2001）

野上茂吉郎（1913〜1985）

正子

野上耀三（1918〜　）

三枝子（1922〜　）

岩佐美代子

長谷川晃（西涯）（1937〜2004）

長谷川三千子（1946〜　）

島尾敏雄の一族

作家**島尾敏雄**は、太平洋戦争中、魚雷艇による特攻隊長として奄美群島に赴任し、敗戦を迎えた。島で知り合った娘と結婚し、一男一女を儲けたが、島尾の浮気をきっかけに妻**島尾ミホ**は精神に異常を来し、その後敏雄自身も精神を病んで奄美に転居、図書館で働きながら、その経緯を描いた名作『死の棘(とげ)』を書きつづけ、完成させた。奄美滞在中の日記『日の移ろい』も優れた文学である。島尾が死んだとき、奥野健男は、ノーベル賞にも値する文学だと言ったが、筆者も同感である。

ミホは奄美大島の思い出を描いた『海辺の生と死』で田村俊子賞を受賞、敏雄の死後は常に喪服を着用し、二〇〇七年、長逝した。息子の**島尾伸三**は写真家、紀行作家、娘のマヤは若くして死去、伸三は写真家の**潮田登久子**(うしおだとくこ)と結婚、その娘**しまおまほ**は漫画家、イラストレーター。

■島尾敏雄の一族

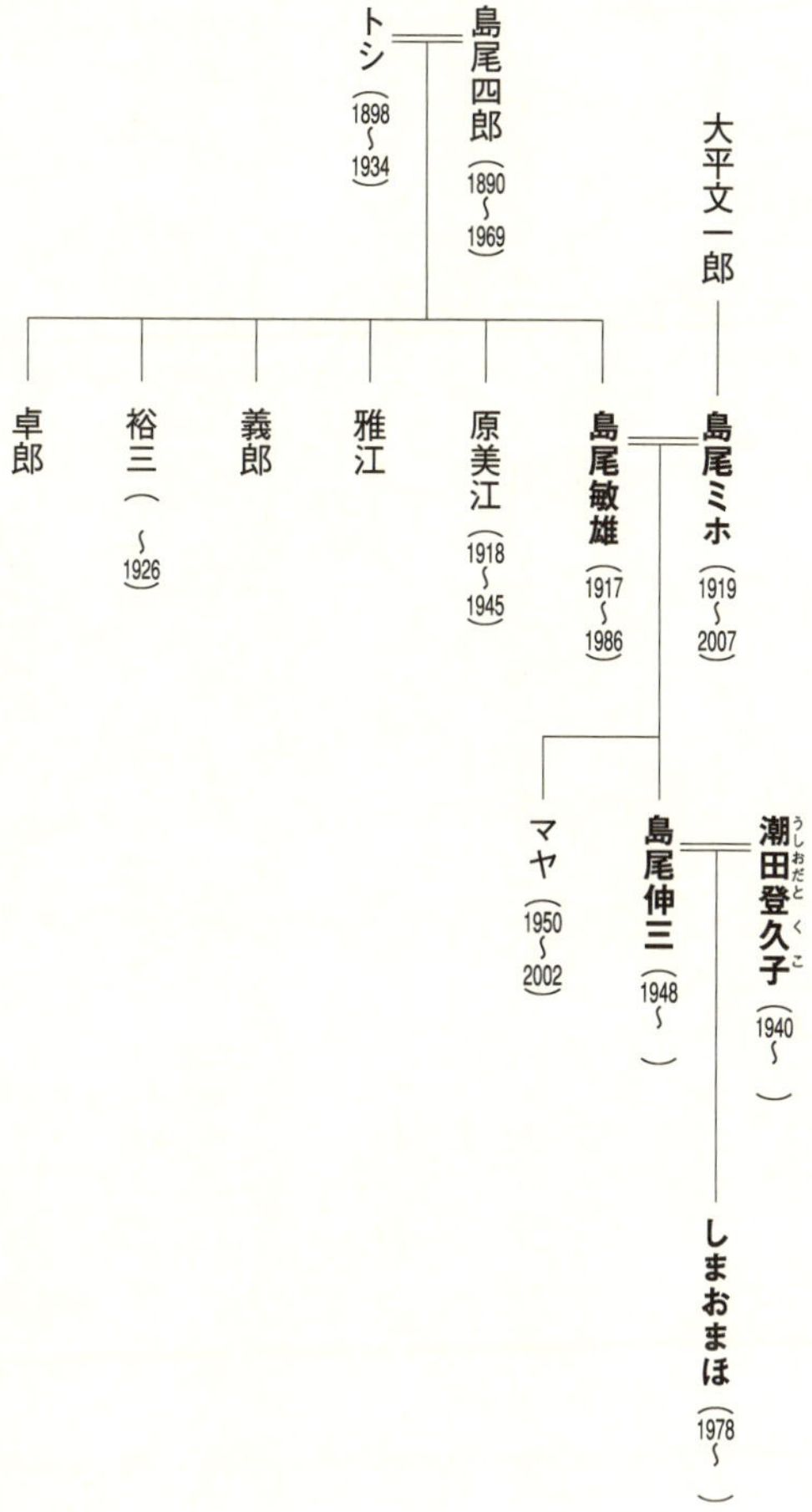
島尾四郎（1890〜1969）
トシ（1898〜1934）
大平文一郎
島尾ミホ（1919〜2007）
島尾敏雄（1917〜1986）
原美江（1918〜1945）
雅江
義郎
裕三（〜1926）
卓郎
潮田登久子（うしおだとくこ）（1940〜）
島尾伸三（1948〜）
マヤ（1950〜2002）
しまおまほ（1978〜）

武田泰淳の一族

作家**武田泰淳**は、僧侶・大島泰信の三男である。長男**大島泰雄**は、水産生物学者で、東大教授を務めた。泰淳は元の名を覚（さとる）といったが、父の師僧武田芳淳に継嗣がなかったためその養子となり武田泰淳と名を改めた。東京帝大でシナ文学を学ぶかたわら左翼運動にも参加し、評論『司馬遷』でデビューし、敗戦後、作家として出発した。

泰淳の死後、妻**武田百合子**は、泰淳存命中の日記を『富士日記』として刊行し、高い評価を受け、以後日記作家、エッセイストとして活躍したが、百合子は旧姓鈴木で、大正時代に殺害された商人鈴木弁蔵の孫だという。しかし実際は弁蔵の婿養子となった父が、後妻との間に儲けた子の一人で、弁蔵の血は引いていない。若いころ百合子は、のち劇作家となる八木柊一郎（しゅういちろう）と心中未遂事件を起こしたという。

娘の**武田花**は、写真家として活躍している。なお従来、泰淳を次男、母の名をつるとしてきたが、川西政明の『武田泰淳伝』で訂正されている。

■武田泰淳の一族

大島泰信（1874〜1952）
もと（1885〜1971）
武田芳淳（1855〜1911）
鈴木弁蔵（1855〜1919）
大島泰雄（1908〜1994）
泰隆
覚・武田泰淳（1912〜1976）
さとる
（鈴木）武田百合子（1925〜1993）
初子
（鈴木）精次（〜1944）
あさの（〜1932）
武田花（1951〜）
山鹿豊子
敏子（〜1923）
新太郎
謙次郎
百合子
進（1928〜）
修（1931〜）

福永武彦、池澤夏樹の一族

福永武彦は、戦後、中村真一郎、加藤周一とともに『1946　文学的考察』を出し、のち堀辰雄の衣鉢を継ぐ浪漫的作風で人気があった小説家である。はじめ歌人の原條(はらじょう)あき子と結婚して男子を儲けたが離婚し、岩松貞子(ていこ)と再婚した。この男子が、作家**池澤夏樹**で、母とともに北海道で育った。福永は一九七九年に没したが、その時既に池澤は詩やギリシャ語訳などを行っており、福永は、後世自分は池澤夏樹の父親として文学史に名を残すだろうと中村真一郎に語ったという。娘の**池澤春菜**は声優として活躍中である。

福永貞子の妹は、ロシヤ文学者**原卓也**夫人である。原は**原久一郎**(ひさいちろう)の子で、親子二代にわたるロシヤ文学者である。東京外国語大学教授から学長を務めた。宗教学者の島田裕巳は、高名なロシヤ文学者の娘が、雙葉(ふたば)学園へ行ったためにキリスト教伝道の仕事に携わるようになり、無神論者の父を嘆かせているだろうと書いているが（『神と空』）これは原卓也の娘のことで、しかし福永武彦の死後、福永が受洗していたことがわかり、貞子夫人が、自分が先に受洗していたと述べていることから推すに、これはその妹である原卓也夫人の影響ではあるまいか。

■福永武彦の一族

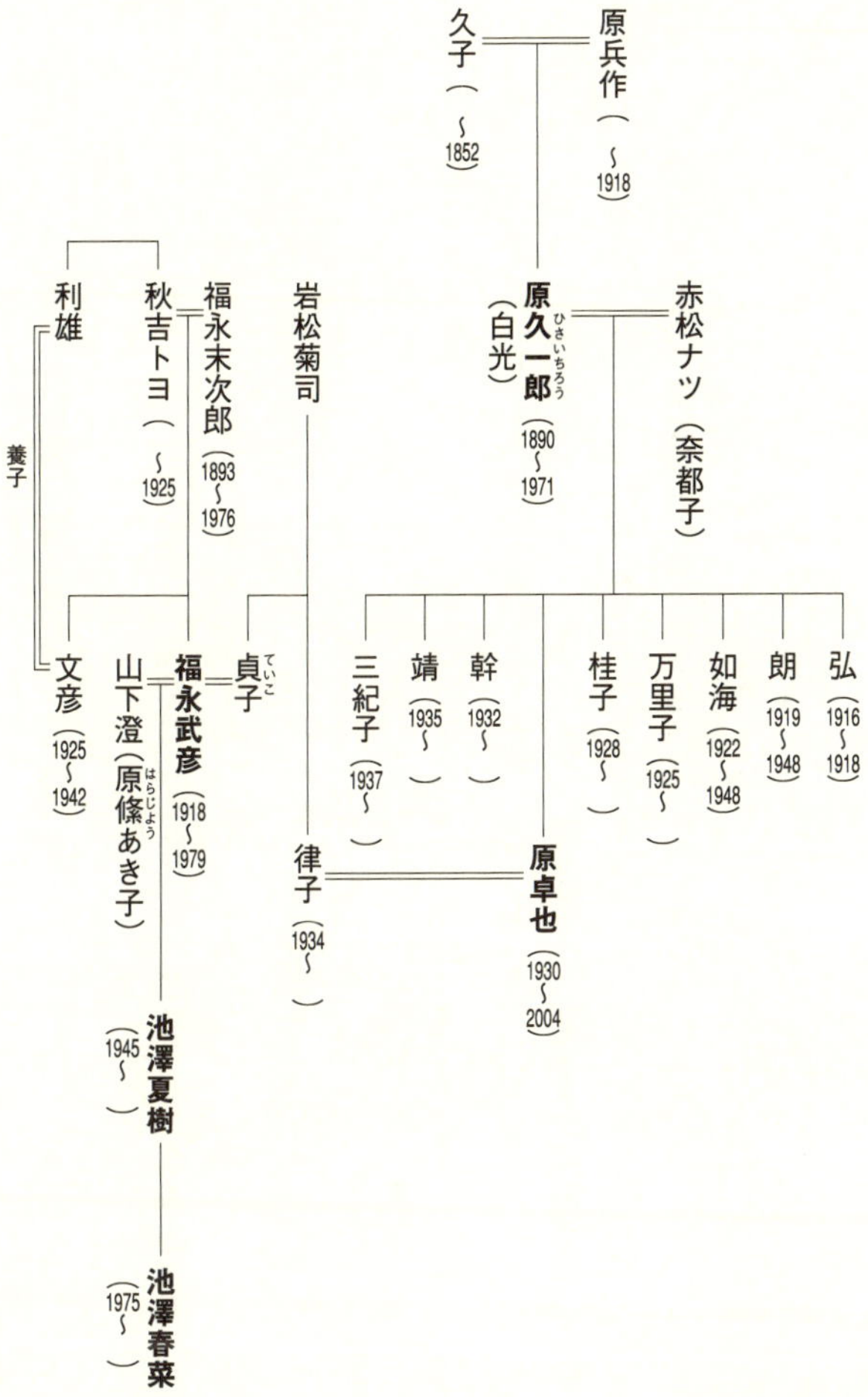

原兵作（〜1918）
久子（〜1852）
赤松ナツ（奈都子）
原久一郎（白光）（1890〜1971）
ひさいちろう
岩松菊司
福永末次郎（1893〜1976）
秋吉トヨ（〜1925）
利雄
養子
弘（1916〜1918）
朗（1919〜1948）
如海（1922〜1948）
万里子（1925〜）
桂子（1928〜）
幹（1932〜）
靖（1935〜）
三紀子（1937〜）
貞子
ていこ
福永武彦（1918〜1979）
山下澄（原條あき子）
はらじょう
文彦（1925〜1942）
律子（1934〜）
原卓也（1930〜2004）
池澤夏樹（1945〜）
池澤春菜（1975〜）

檀一雄、ふみの一族

檀一雄(かずお)は、山梨生れだが、父の仕事の関係で福岡、栃木県足利で育った。母が医学生との恋愛のため出奔し、長く音信不通だった。東大経済学部在学中、同人雑誌「青い花」から「日本浪漫派」に参加。太宰治、森敦とともに文壇の三悪人と言われ、放蕩無頼の作家とされ、芥川賞候補となったが、昭和二十五年、早世した妻律子を描いた実名私小説『リツ子・その愛』『リツ子・その死』が評判となり、『真説石川五右衛門』などで直木賞受賞、流行作家となる。後妻を迎えたが女優の入江杏子を愛人として家庭を顧みず、そういう自分を描いた長編『火宅の人』が一躍話題となり、「火宅の人」は流行語にもなったが、ほどなく死去した。

律子の子**檀太郎**は一雄の「檀流クッキング」を継承して料理評論家、後妻の娘**檀ふみ**は女優になったが、エッセイストとしても人気があり、同じく作家阿川弘之の娘・阿川佐和子とのコンビで知られ、共著エッセイで講談社エッセイ賞を受賞。

■檀一雄の一族

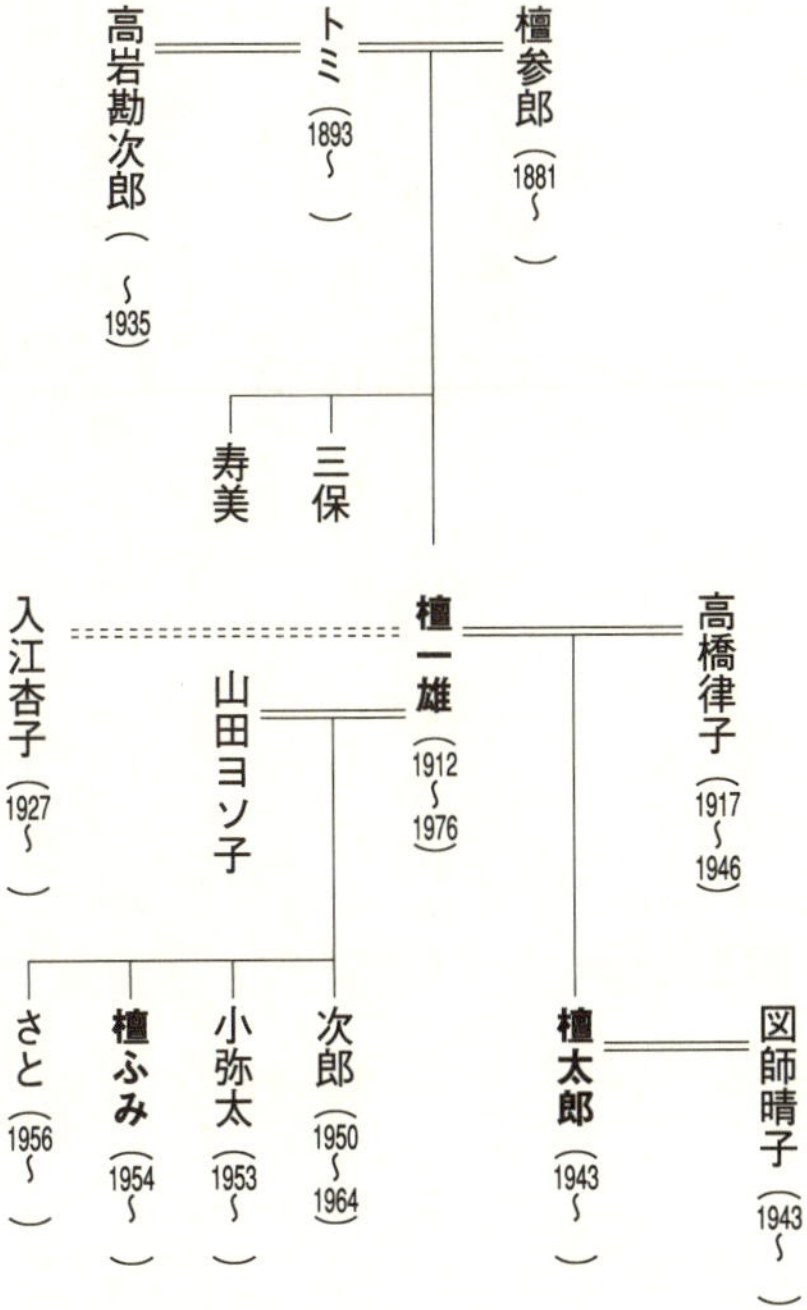

檀参郎（1881〜）
トミ（1893〜）
高岩勘次郎（〜1935）
三保
寿美
高橋律子（1917〜1946）
檀一雄（1912〜1976）
山田ヨソ子
入江杏子（1927〜）
図師晴子（1943〜）
檀太郎（1943〜）
次郎（1950〜1964）
小弥太（1953〜）
檀ふみ（1954〜）
さと（1956〜）

吉行淳之介、和子、あぐりの一族

作家**吉行淳之介**は、〝第三の新人〟の一人として戦後文壇で活躍し、女にもてる美男作家として知られたが、肋膜炎、鬱病など多くの病気に悩んでいた。その父**吉行エイスケ**は、昭和初年の新興藝術派の作家で、上の妹**吉行和子**は女優、下の妹**吉行理恵**は詩人、作家で、兄と並んで芥川賞を受賞した。母**吉行あぐり**は、夫の死後、辻復と再婚し、理髪師として働きながら三人の子を育て、その人生はテレビドラマにもなり、百歳でなお存命である。

淳之介には正妻文枝のほか、女優の**宮城まり子**が長いこと愛人だったが、ほかにも『暗室』に描かれた愛人**大塚英子**（えいこ）があった。

■吉行淳之介の一族

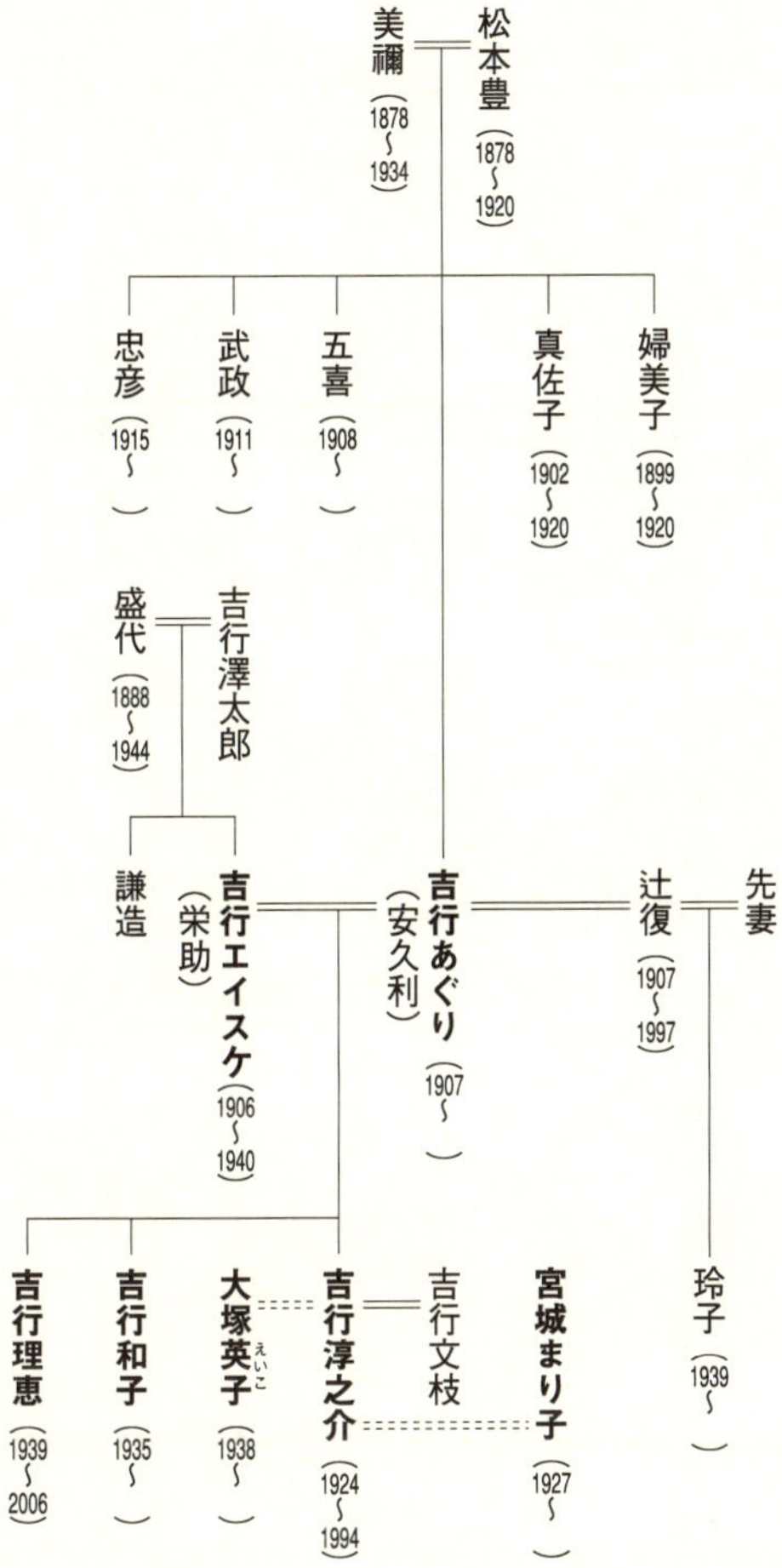

松本豊（1878〜1920）
美禰（1878〜1934）
婦美子（1899〜1920）
真佐子（1902〜1920）
五喜（1908〜）
武政（1911〜）
忠彦（1915〜）
吉行澤太郎
盛代（1888〜1944）
先妻
辻復（1907〜1997）
吉行あぐり（安久利）（1907〜）
吉行エイスケ（栄助）（1906〜1940）
謙造
玲子（1939〜）
宮城まり子（1927〜）
吉行文枝
吉行淳之介（1924〜1994）
大塚英子（えいこ）（1938〜）
吉行和子（1935〜）
吉行理恵（1939〜2006）

永井路子、黒板勝美の一族

歴史小説で知られる作家**永井路子**は、長らく、永井八郎治の娘とされてきたが、二〇〇〇年頃、実母は浅草オペラの歌手**永井智子**であることを明らかにした。古河の永井家には跡取りがなかったので、八郎治の姉の娘である智子に子ができたら養子にする約束をしており、智子は官吏の来島清徳と結婚してできた娘を八郎治の養女にした、それが擴子、つまり永井路子である。来島は早くに死んだため、智子は画家の田中なる者と結婚した後、永井荷風作、**菅原明朗**作曲の和製オペラ「葛飾情話」に主演し、菅原との関係が生じて、駆け落ちし、以後荷風の疎開に同行した。

永井路子は直木賞受賞、以後鎌倉時代を中心として歴史小説界の重鎮だが、夫は歴史学会の泰斗**黒板勝美**の甥の歴史学者**黒板伸夫**なので、路子の本名は黒板擴子で、結局永井家が残ったとは言えないことになっている。もっとも永井智子は、もっぱら荷風との関係で知られており、路子が荷風の娘だと思い込む人もいるようだ。

■永井路子の一族

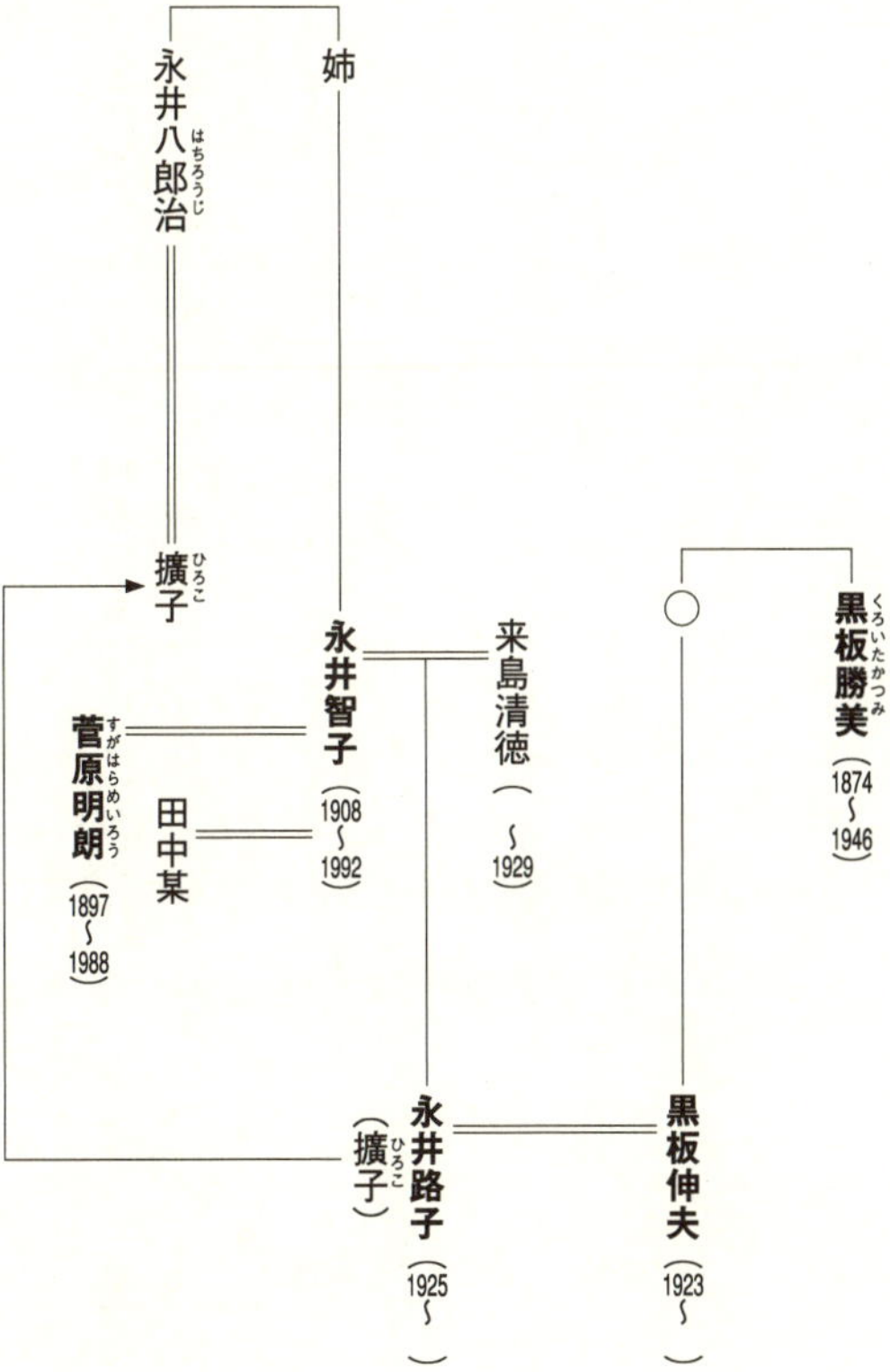

永井八郎治（はちろうじ）
姉
擴子（ひろこ）
永井智子
（1908～1992）
来島清徳
（～1929）
菅原明朗（すがはらめいろう）
（1897～1988）
田中某
黒板勝美（くろいたかつみ）
（1874～1946）
永井路子
（擴子（ひろこ））
（1925～）
黒板伸夫
（1923～）

村松梢風、友視の一族

作家**村松友視**（ともみ）が登場した時、**村松梢風**の孫と紹介されたが、既にその当時、梢風は忘れられた作家になっていた。昭和前期、大衆作家として活躍した梢風で、今なお読まれているのは『本朝話人伝』あたりだろうか。梢風には四人の男子があり、長男の友吾（ゆうご）が友視の父である。しかし、中央公論社に入った友吾は、友視が幼い頃、上海で客死し、友視は梢風の養子として育てられたが、育てたのは梢風の妻そうではなく、妾の絹枝だった。絹枝のことは、友視の『鎌倉のおばさん』に詳しく語られている。

三男の**村松喬**（たかし）は毎日新聞に勤めており、四男の**村松瑛**（えい）は慶応大学教授を務めたシナ文学者で、いずれも多数の著書がある。なお文藝評論家の村松剛、女優の村松英子の兄妹は、これとは関係ない。

■村松梢風の一族

そう（～1962）
村松梢風（義一）（1889～1961）
絹江（1901～1986）

友吾（ゆうご）（1912～1939）
道平
村松喬（たかし）（1917～1982）
村松瑛（えい）（1923～　）
※養子　友視

村松友視（ともみ）（1940～　）

千田是也、中川一政の一族

伊藤為吉は、建築家、発明家であり、渡米してクリーニング店で働き、帰国後日本初のドライクリーニング店を開いた。また建築家として服部時計店の建築などを手がけ、生涯に七十近くの特許をとったという。幸田露伴と親しく、その兄郡司成忠の千島探検の際には組立て式プレハブ住宅を贈っている。のち救世軍の中心人物となる山室軍平は、若い頃為吉の下で修業していた。妻の兄は、東京帝大教授で動物学の草分けである**飯島魁**(いさお)である。

その伊藤為吉の子供たちは揃って藝術家になった。次男**伊藤道郎**は、国際的舞踊家で、長く米国で活躍した。四男の伊藤祐司も道郎を頼って米国に渡って舞踊家となり、五男**伊藤熹朔**(きさく)は舞台美術家、六男圀夫(くにお)が、長く新劇界に君臨した**千田是也**(せんだこれや)である。十九歳の時、関東大震災に遭い、朝鮮人と間違われて殺されそうになり、そのことを忘れないために「千駄ヶ谷のコリア」というので千田是也と名乗ったという。兄熹朔とともに人形芝居に熱中、左翼演劇の築地小劇場に参加したのち、ドイツ留学、イルマ・クリムとの間に女児モモコを儲けたが、のち別れ、女優**岸輝子**と生活をともにし、戦後は劇団俳優座の中心人物として長命を保った。その弟貞亮は建築家、翁介はギタリストである。

■千田是也・中川一政の一族

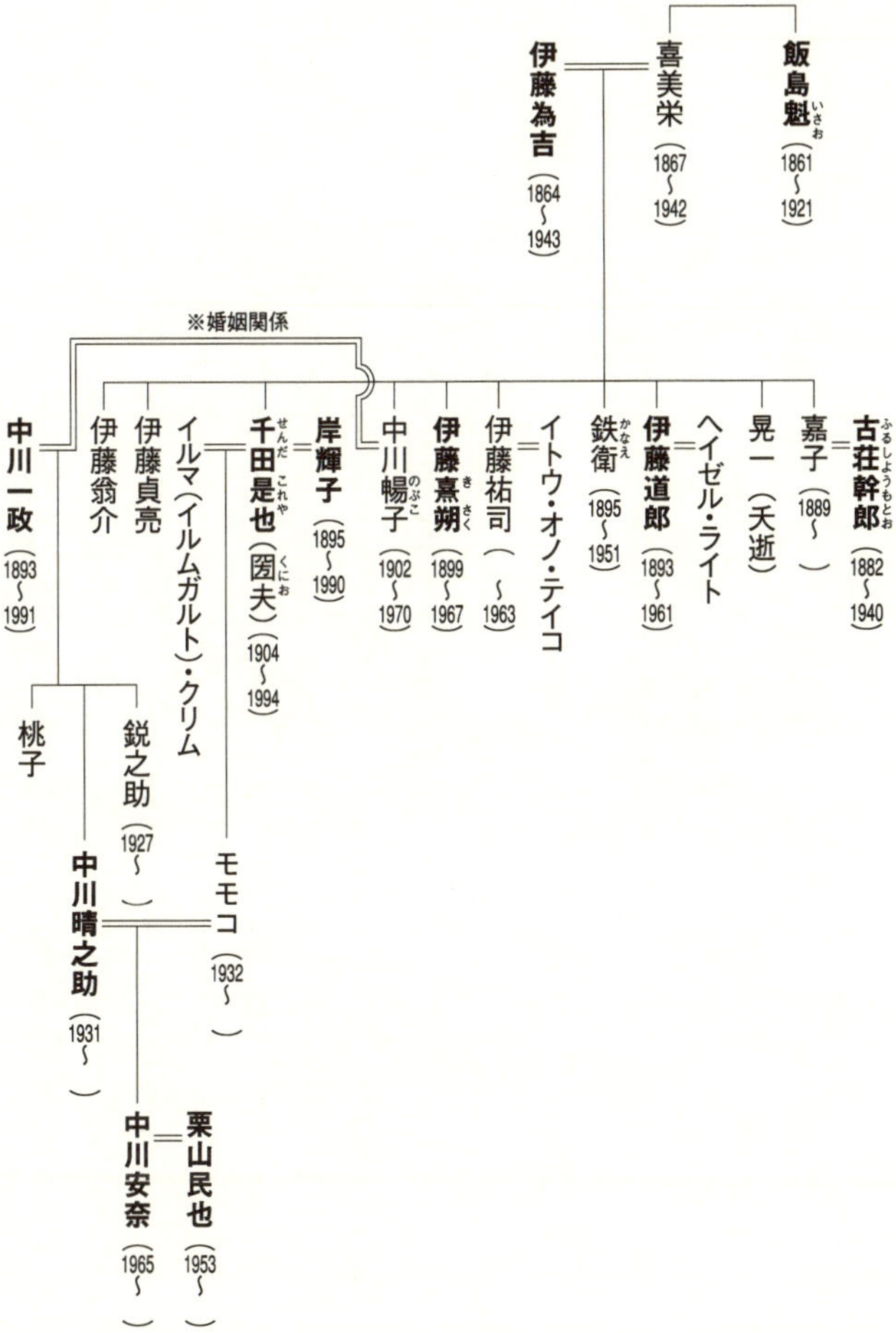

飯島魁（1861～1921）
喜美栄（1867～1942）
伊藤為吉（1864～1943）
※婚姻関係
古荘幹郎（1882～1940）
嘉子（1889～）
晃一（夭逝）
ヘイゼル・ライト
伊藤道郎（1893～1961）
鉄衛（1895～1951）
イトウ・オノ・テイコ
伊藤祐司（～1963）
伊藤熹朔（1899～1967）
中川暢子（1902～1970）
岸輝子（1895～1990）
千田是也（圀夫）（1904～1994）
イルマ（イルムガルト）・クリム
伊藤貞亮
伊藤翁介
中川一政（1893～1991）
銑之助（1927～）
桃子
中川晴之助（1931～）
モモコ（1932～）
中川安奈（1965～）
栗山民也（1953～）

是也の姉暢子は津田英学塾を出て**中川一政**と結婚し、のちモモコは中川の次男**中川晴之助**と従兄妹同士で結婚した。長男は舞踊評論家の中川鋭之助で、伊藤道郎伝はこの人が翻訳している。晴之助は、『ウルトラQ』などの特技監督をした映画監督だが、一般映画は撮っていない。晴之助とモモコの娘が女優の**中川安奈**で、だからドイツ人のクォーターである。一九八八年、二十三歳の時、映画『敦煌』のヒロインでデビューしたが、その際、撮影したヌードシーンが没になった。ある週刊誌の雑報欄では「私の裸、あまりキレイじゃなかったのかしら」と言ったとされていたが、別のより信頼すべき報道では、没になってほっとした、とあった。週刊誌はいい加減である。その後演出家の**栗山民也**と結婚した。

新田次郎、藤原正彦の一族

作家**新田次郎**の伯父**藤原咲平**（さくへい）は気象学者で、東京帝大卒、学士院賞受賞、東京帝大教授、中央気象台長を歴任したが、戦争協力のため戦後公職追放を受けた。新田は本名藤原寛人（ひろと）、長野県上諏訪の角間新田（かくましんでん）に生れた。新田の次男なので筆名を新田次郎とした。小説『新田義貞』があるが、義貞びいきで新田としたのではなく、筆名ゆえに義貞を書いたというところか。武家の子孫であることを誇りにしていたが、なぜか東京帝大に進まず無線電信講習所卒業後、中央気象台に技手として勤務した。両角（もろずみ）ていと見合い結婚して二男一女を儲けた後、一家で満州の気象台に赴任、敗戦後、引き上げて再び気象台に勤務した。

妻**藤原てい**が、引き上げの際に書いた遺書が雑誌に載り、勧められて書いた苦難の引上げの手記が『流れる星は生きている』で、昭和二十四年に刊行され、ベストセラーになった。新田も小説を書いていたが活字にはならず、二十六年、編集者の勧めで「強力伝」を「サンデー毎日」の懸賞小説に応募して受賞、活字になった。だがこれを表題とする短篇集が刊行されたのは三十年で、翌年直木賞を受賞した。四十四歳で、作家としては遅い出発だった。気象台でも、学歴がないため出世が遅かった。気象台は昭和四十一年まで勤め、二足のわらじで山岳小説や『武田信玄』のような歴史小説を書いた。登山を趣味とする皇太子徳仁（なるひと）は、好きな作家として新田を挙げていた。

次男の**藤原正彦**は数学を専攻してお茶の水女子大学教授を務め、一九七七年、米国留学経験を描いた『若き数学者のアメリカ』を刊行して日本エッセイスト・クラブ賞受賞、以後も随筆、評論で活躍したが、二〇〇五年、『国家の品格』をベストセラーにした。

■新田次郎の一族

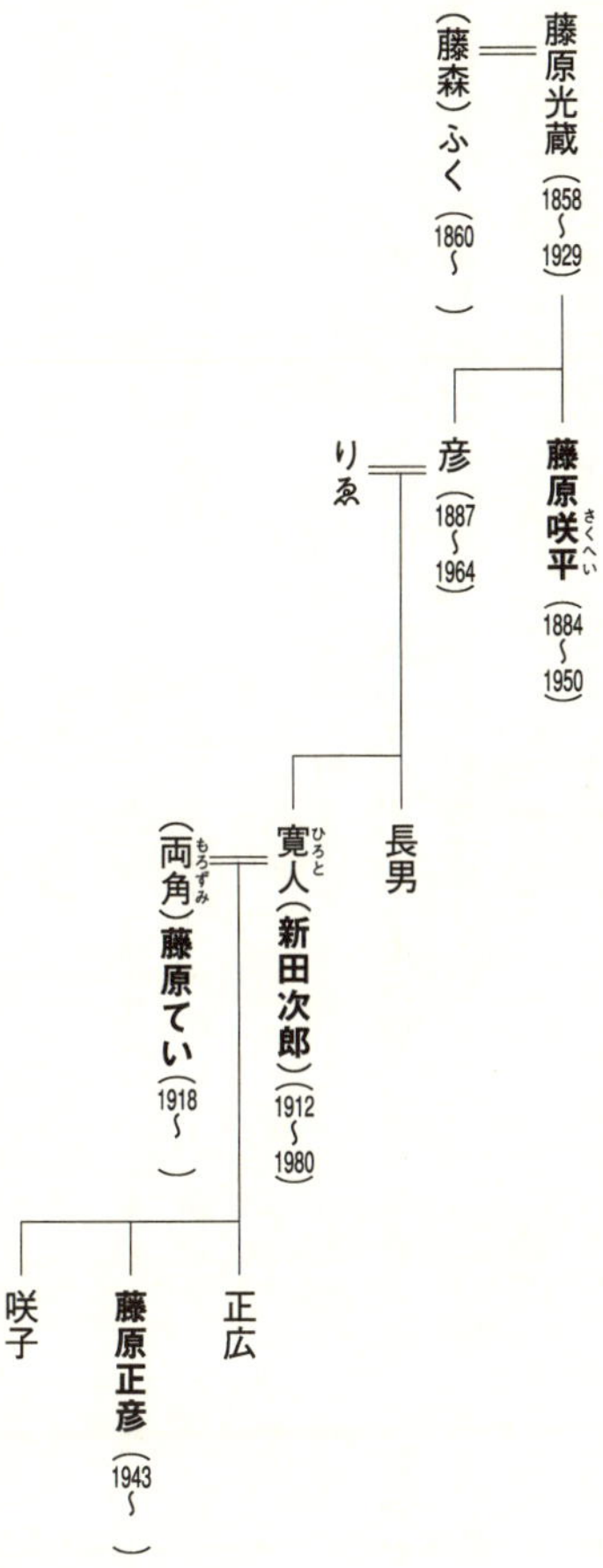
藤原光蔵（1858〜1929）
（藤森）ふく（1860〜　）
藤原咲平（1884〜1950）
彦（1887〜1964）
りゑ
長男
寛人（新田次郎）（1912〜1980）
（両角）藤原てい（1918〜　）
正広
藤原正彦（1943〜　）
咲子

大江健三郎、伊丹十三の一族

日本人二人目のノーベル文学賞受賞作家である**大江健三郎**は、兄二人、姉二人、弟、妹が一人ずついるが、彼らのことはほとんど公にされておらず、ただ弟が警官であることだけが触れられている。脳に障害を持って生まれた長男**大江光**（ひかり）は、作曲家として知られる。妻で、近年大江作品に挿絵を添えている**大江ゆかり**が、映画監督**伊丹万作**の娘で、**伊丹十三**（じゅうぞう）の妹であることは知られていたが、大江と伊丹はお互いについて触れることが、伊丹の自殺以前にはほとんどなく、ただ大江の長編『日常生活の冒険』は伊丹をモデルとしていた。十三は本名池内、高校卒業後、伊丹一三（いちぞう）の藝名で俳優となり、映画界の大物である製作者**川喜多長政**、**川喜多かしこ**の娘**川喜多和子**と結婚したが離婚、その後女優**宮本信子**と結婚。アメリカ映画『北京の55日』などに出演、エッセイストとしても活躍し、精神分析などを主題とする雑誌『モノンクル』を編集、岸田秀の名を広めたのも伊丹である。『お葬式』以後、映画監督として次々と宮本信子を主演させ、宮本を一流の女優にした後、突然飛び降り自殺を遂げた。大江は封印を破ったように、『取り替え子（チェンジリング）』以後、伊丹をモデルとする小説を書き始めている。

■大江健三郎の一族

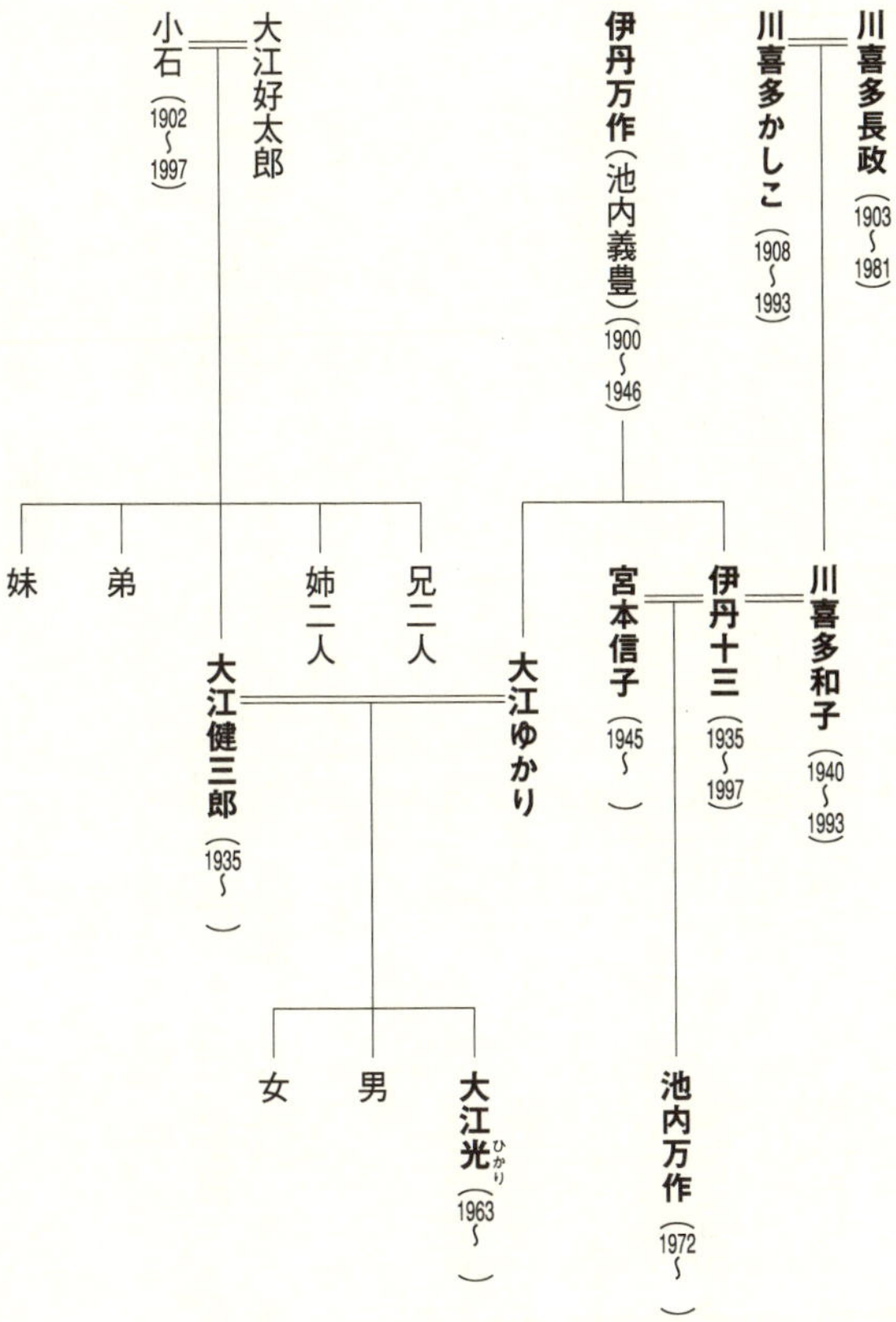
川喜多長政（1903〜1981）
川喜多かしこ（1908〜1993）
伊丹万作（池内義豊）（1900〜1946）
大江好太郎
小石（1902〜1997）
兄二人
姉二人
弟
妹
川喜多和子（1940〜1993）
伊丹十三（1935〜1997）
宮本信子（1945〜　）
大江ゆかり
大江健三郎（1935〜　）
大江光（ひかり）（1963〜　）
男
女
池内万作（1972〜　）

小林秀雄、白洲次郎・正子の一族

批判も多いが、今なお日本を代表する文藝評論家である**小林秀雄**は、明治大学教授、創元社顧問などを務めたが、その妹富士子は、「のらくろ」で知られる漫画家の**田河水泡**に嫁いでいる。田河は本名高見澤仲太郎、日本美術学校卒業、抽象画を描いていたが、新作落語「猫と金魚」は田河の作で、滑稽と絵の才能を併せて漫画を勧められ、たかみざわを分解して田河水泡となのり「たかみず・あわ」と読ませるつもりだったが、「たがわ・すいほう」と読まれるので諦めてそうしたという。『少年倶楽部』にのらくろの連載が始まったのは昭和七年でたちまち人気を博し、当初は二等卒の失敗談で終わらせるつもりだったが、読者の要望に応えてどんどん出世させ、単行本では書き下ろしで、のらくろの属する犬を日本、豚を漢民族、羊を満州族、熊をロシヤに見立てて大陸侵攻を描いたが、のらくろが除隊して大陸探検をしているところで軍部に執筆禁止を受けた。弟子に長谷川町子、滝田ゆうがいる。妻は**高見澤潤子**の筆名でキリスト教的な人生論や翻訳、田河や小林の思い出を残している。

小林の従弟に英文学者の**西村孝次**がおり、百歳でなお存命である。弟の**西村貞二**は西洋史学者で、東北大教授を務めた。また小林の娘は**白洲正子**の息子に嫁いだ。正子は、明治期の軍人

■小林秀雄の一族

- 清水甚兵衛
  - 伊右衛門
    - 清水秀雄
  - セキ
  - シナ ＝ 西村重右衛門
    - 信子
    - **西村貞二**（ていじ）（1913〜2004）
    - **西村孝次**（こうじ）（1907〜　）
  - 金右衛門
  - 精子（1880〜1946）＝ 小林豊造（1874〜1921）
    - 富士子（1904〜2004）（**高見澤潤子**）＝ 高見澤仲太郎（なかたろう）・**田河水泡**（たがわすいほう）（1899〜1989）
    - **小林秀雄**（1902〜1983）＝ 森喜代美（1908?〜1993）
      - 明子（1937〜　）＝ 白洲兼正
        - 信哉（1965〜　）
  - イト
  - 清水松蔵
    - → 精一郎

- **樺山資紀**（かばやますけのり）（1837〜1922）
  - 愛輔（1865〜1953）
    - 白洲正子

- **白洲次郎**（1902〜1985）＝ **白洲正子**（1910〜1998）
  - 牧山桂子
  - 白洲兼正 ＝ 明子
  - 春正

政治家**樺山資紀**（かばやますけのり）の孫で、外交官**白洲次郎**の妻である。正子は能楽、骨董などに詳しいエッセイストとして、その晩年、上流階級に憧れる女性を中心にカリスマ的な人気があった。今は夫の次郎が、マッカーサーと渡り合った男として人気がある。

江藤淳、小和田雅子の一族

文藝評論家の**江藤淳**は、評論家としては異例に若くして名をあげた。保守派の論客としても知られたが、これほど自分の家系への誇りに生きた人も珍しい。本名は江頭淳夫（えがしらあつお）、父方の祖父は海軍中将**江頭安太郎**、母方の祖父は海軍少将**宮治民三郎**（みやじたみさぶろう）、また安太郎の岳父**古賀喜三郎**は、明治三十年、海軍予備校を創立、海城学校として長く海軍に人材を送った。戦後は海城学園として今も古賀家が理事長を務めている。江藤は『一族再会』や、帝国海軍中興の祖・山本権兵衛（ごんひょうえ）を主人公とする小説『海は甦える』を書いている。

いずれも佐賀藩の系列だが、佐賀の乱で処刑された司法卿・江藤新平は淳の祖先にとっては敵に当たる。だから筆名を江藤としたのは深い意味はない。当初はこれで「あつし」と読ませていた。江藤の母は淳が五歳の時に死去、父は青山学院の英文科教授・日能英三の娘千恵子と再婚し、弟妹ができた。江藤は肺を病んで東大入試に失敗、慶応大学英文科へ進み、大学の同級生三浦慶子と結婚、慶子の父三浦直彦は元関東州庁長官。のち、江藤の随筆に**江藤慶子**の名でイラストを載せたりしていたが、慶子が病んで死んだ後、ほどなく江藤淳が自殺したのはよく知られている。

父江頭隆は会社員だが、その弟**江頭豊**は水俣病の原因を作ったチッソ社長で、その娘優美子が、外交官**小和田恆**(ひさし)に嫁いで生れたのが現在の皇太子妃**雅子**である。また恆の兄**小和田顯**(あきら)は、元専修大学教授の漢字学者。

筆者は海城高校の出身なので、古賀一族のことはよく耳にしたが、左翼の教師などは、「この理事長は海軍のナンタラで江藤淳の親戚で」などと唾棄(だき)するように言っていた。

■江藤淳の一族

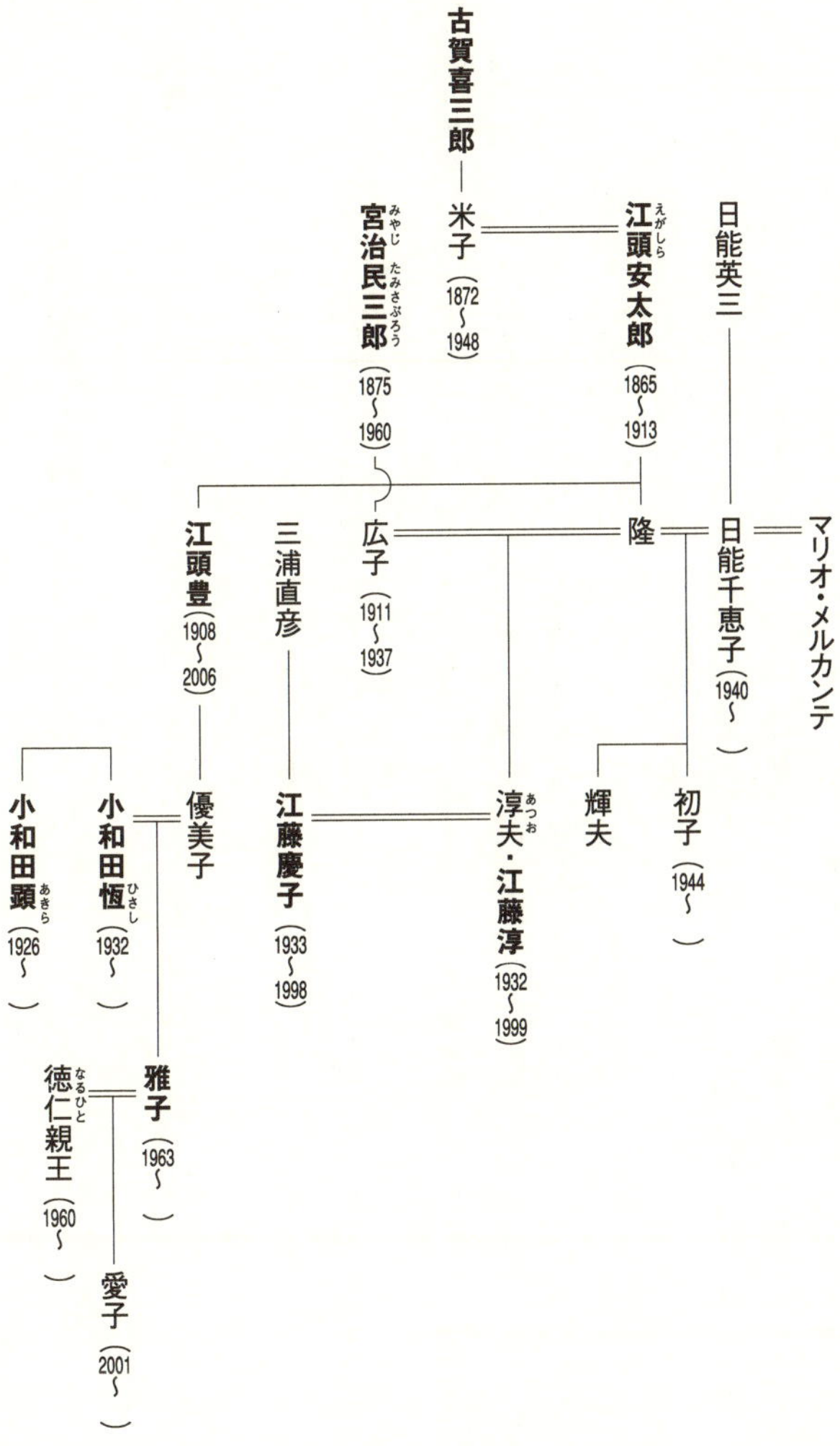

古賀喜三郎
米子（1872〜1948）
江頭安太郎（1865〜1913）
えがしら
日能英三
宮治民三郎（1875〜1960）
みやじ たみさぶろう
江頭豊（1908〜2006）
三浦直彦
広子（1911〜1937）
隆
日能千恵子（1940〜 ）
マリオ・メルカンテ
小和田顯（1926〜 ）
あきら
小和田恆（1932〜 ）
ひさし
優美子
江藤慶子（1933〜1998）
淳夫・江藤淳（1932〜1999）
あつお
輝夫
初子（1944〜 ）
徳仁親王（1960〜 ）
なるひと
雅子（1963〜 ）
愛子（2001〜 ）

角川源義、春樹、辺見じゅんの一族

角川源義(げんよし)は、角川書店の創業者である。富山県生れで、俳人であり、また折口信夫(おりくちしのぶ)の民俗学に傾倒して國學院大学で折口に学んだ。昭和二十年、角川書店を創業、二十五年、角川文庫を発刊して成功した。また俳誌『河』を創刊。角川文庫は内外の古典のほか、源義と親しかった阿部次郎の本、あるいは国文学関係のものも出していたが、次第に現代大衆小説も入れるようになった。

長男**角川春樹**は、一九七〇年代、大きな広告を打ったり、作品を映画化したりして「角川商法」と言われつつ、文庫を大きく衣替えした。推理小説、大衆小説を「ミステリー」「エンターテインメント」と呼ぶようにしたのは春樹の功績で、従来の文庫の古典中心のあり方を変えたのみならず、依然として西洋もの中心だったミステリーに、本格的に日本の作家が読まれる土壌を作った。春樹もまた特異な俳人として知られる。

長女**辺見じゅん**はノンフィクション作家で、『男たちの大和』などで知られる。源義は女関係も激しく、妻と別れて中井照子と結婚、『河』は源義のあと、角川照子から春樹へ引き継がれている。春樹は麻薬所持で有罪となり、角川書店は弟の**角川歴彦**(つぐひこ)が受け継ぎ、春樹は自ら角

■角川源義の一族

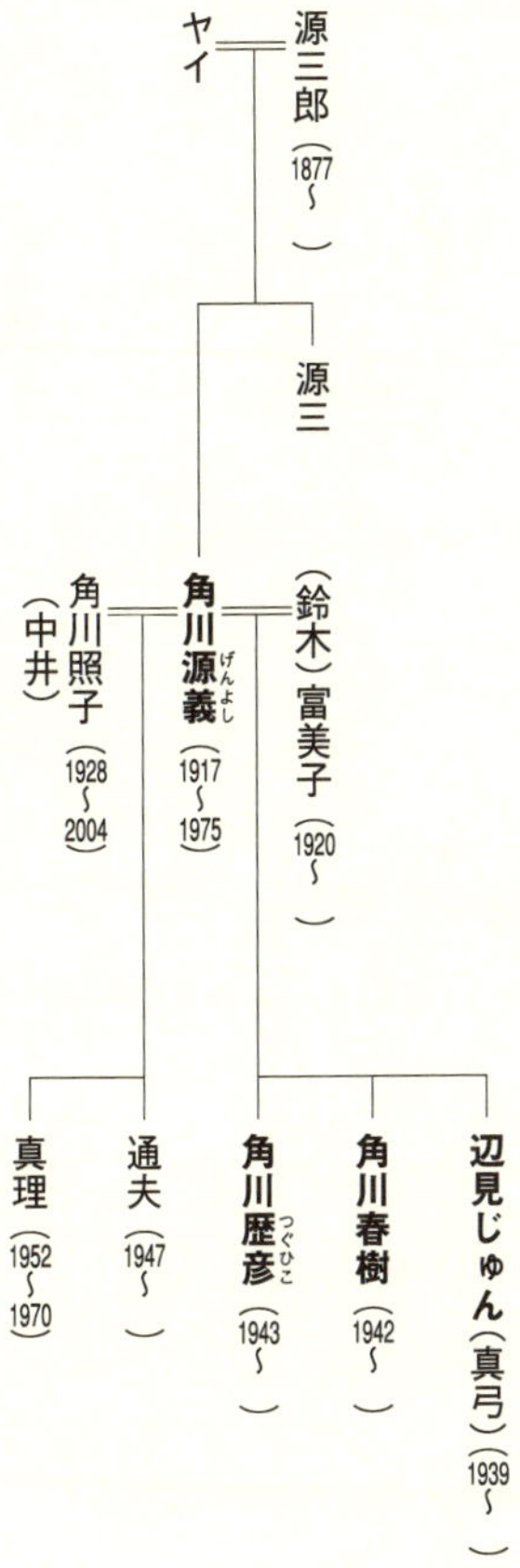
源三郎（1877〜　）
ヤイ
源三
（鈴木）富美子（1920〜　）
角川源義（げんよし）（1917〜1975）
角川照子（中井）（1928〜2004）
辺見じゅん（真弓）（1939〜　）
角川春樹（1942〜　）
角川歴彦（つぐひこ）（1943〜　）
通夫（1947〜　）
真理（1952〜1970）

川春樹事務所を設立し、ハルキ文庫を作って活動している。

また源義を記念して、国文学、国史における、もっぱら前近代を対象とした角川源義賞が設立され、その世界では権威を持っている。なお『角川源義全集』に附された年譜は、照了の監修で作られたもののようで、最初の妻や、春樹らその子の誕生がすべて省略され、照子との結婚と次女の誕生だけが記された異様なものである。

第五章 知られざる学界の血筋

箕作阮甫、呉秀三、美濃部達吉の一族

箕作(みつくり)家は、学者を輩出した一家として名高い。その祖ともいうべき**箕作阮甫**(げんぽ)は岡山の津山藩医の家に生れ、蘭学を学んで幕府の蕃書調所(ばんしょしらべしょ)教授となって翻訳に努め、歴史、地理、天文、鉱物、物理などにその学識は及んだ。しかし男子に恵まれず、水沢藩出身の門下生を四女の婿養子としたのが**箕作省吾**で、地理学者として将来を嘱望されつつ早世したため、やはり門下生を次女の婿養子としたのが**箕作秋坪**(しゅうへい)で、津山藩儒者の菊池家の出身である。秋坪は阮甫の跡を継いで藩主松平斉民(なりたみ)の侍医を務めたあと幕臣となってやはり翻訳に従事し、維新後は明六社に参加し、近代教育の基礎を築いた。

省吾の忘れ形見である**箕作麟祥**(りんしょう)は祖父に蘭学を学び、蕃書調所、開成所などに勤め、徳川昭武の遺欧使節に随行してフランスに渡り、維新後は明治政府に仕え、法学者として、貴族院議員、行政裁判所長官などを歴任、日本にフランス法を導入した。秋坪の次男は菊池家を継いで**菊池大麓**(だいろく)となり、明治初年英国に留学してケンブリッジ大卒、数学を学んで帰国後東大初の日本人数学教授となり、帝大総長、文相、京都帝大総長、学士院院長を歴任し、教育行政にも力を尽くした。その弟**箕作佳吉**(かきち)は英米に留学して動物学を学び、帰国後東大教授、その弟**箕作元**(げん)

■箕作阮甫の一族

箕作阮甫（みつくりげんぽ）（1799〜1863）
坪井信道（しんどう）（1795〜1848）
坪井信良（しんりょう）（1823〜1904）
佐々木秀規

せき
呉黄石（くれおうせき）
つね
箕作秋坪（しゅうへい）（菊池）（1825〜1886）
ちま（しん）
箕作省吾（1821〜1846）

呉文聰（ぶんそう（あやとし））（1851〜1918）
呉秀三（しゅうぞう）（1865〜1932）
奎吾（夭逝）
菊池大麓（だいろく）（1855〜1917）
箕作佳吉（かきち）（1857〜1909）
箕作元八（げんぱち）（1862〜1919）
なほ
坪井正五郎（1863〜1913）

呉建（1883〜1940）
呉文炳（ふみあき）（1890〜1981）
呉茂一（しげいち）（1897〜1977）
美濃部達吉（みのべたつきち）（1873〜1948）
民子
菊池正士（せいし）（1902〜1974）
箕作秋吉（1895〜1971）
坪井誠太郎（1893〜1986）
坪井忠二（1902〜1982）
箕作麟祥（りんしょう）（1846〜1897）

直彦（1926〜 ）
美濃部亮吉（りょうきち）（1904〜1984）
操子
長岡半太郎（1865〜1950）

八はやはり東大で動物学を学んだが、専門を歴史学に変えて、ドイツ、フランスに留学、東京帝大教授として西洋史を教えた。

秋坪は妻の死後、省吾の未亡人と結婚し、その娘は**坪井正五郎**と結婚した。正五郎の祖父**坪井信道**は蘭方医で、父**坪井信良**はその養子でやはり蘭方医、正五郎は東大理学部卒、人類学会を作り、理系人類学の東大教授を務めた。その子**坪井誠太郎**は地質・鉱物学を専攻してやはり東大教授、次男**坪井忠二**は地球物理学者で、やはり東大教授。

阮甫の長女せきは門下の山田黄石に嫁ぎ、黄石は呉と改姓、その次男**呉文聰**は統計学者、三男**呉秀三**は精神医学者にして医学史家で、シーボルトの功績を讃えて大著を著している。その子**呉茂一**はギリシャ・ラテンの古典文学の研究家で、東大、名大教授を歴任し、ホメーロスの翻訳で知られる。また箕作元八の子**箕作秋吉**は、理学博士ながら作曲家となった。

菊池大麓の娘民子は、法学者で天皇機関説を唱えた**美濃部達吉**に嫁ぎ、その子が、東京都知事を務めた**美濃部亮吉**である。また大麓の四男**菊池正士**は原子物理学者で大阪帝大教授、東大原子核研究所初代所長、文化勲章受章。また箕作麟祥の娘操子は**長岡半太郎**に嫁ぎ、長岡は物理学者で、帝大教授、大阪帝大初代総長、貴族院議員を務め、文化勲章受章。

もっとも、こうずらりとエリートが並ぶと、筆者などにはあまり面白くない。

本居宣長、小津安二郎の一族

小津家は、少なくとも十七世紀に遡る伊勢松坂の豪商の家で、一六四二年に小津清左衛門長弘が江戸に進出して以来、代々清左衛門を名乗る本家は紙問屋として隆盛を続け、今日の小津産業に至っている。小津三家といって傍流があるが、数人の文化人を輩出しており、長弘の手代だった小津新兵衛の家は代々小津与右衛門を名乗っているが、その五代目が**小津桂窓久足**で、曲亭馬琴の友人として『南総里見八犬伝』など馬琴の作品に対する批評を書き送ったものは、日本近代に先駆けた文藝批評とも言われており、西荘文庫と名付けられた膨大な書籍の収集も行い、その多くは天理大学附属天理図書館に収められている。

その桂窓の曾孫に当たるのが、昭和の映画監督**小津安二郎**である。またシェイクスピア学者で、東大英文科教授を務めた**小津次郎**も与右衛門の系統で、父の名が与右衛門なので、本家八代目の子と思われる。その没後、たか子夫人はパリに住み、安二郎映画の上映に努めているようだが、安二郎と次郎は面識はなかったという。

もう一つの系統に、徳川中期の国学者**本居宣長**がいる。宣長の父は木綿商人の小津定利だが、古くは本居姓だったため、宣長は姓を改めた。医師をしながら、『古事記』『源氏物語』など日本古典の研究に空前の業績を示した。その子**本居春庭**（はるにわ）は失明しながら国語研究の道を歩み、その伝記として足立巻一（あだちけんいち）の名著『やちまた』がある。家は養子の**本居大平**（おおひら）が継ぎ、紀州藩に仕えて本居家の発展に尽くした。またその女婿が**本居内遠**（うちとお）で、やはり紀州藩に仕えた。この系統からは、大正・昭和期の音楽家**本居長世**（ながよ）が出ており、東京音楽学校で教え、三味線、童謡の研究、作曲に活躍した。「めえめえ子山羊」「赤い靴」「七つの子」の作曲者である。

■本居宣長の一族

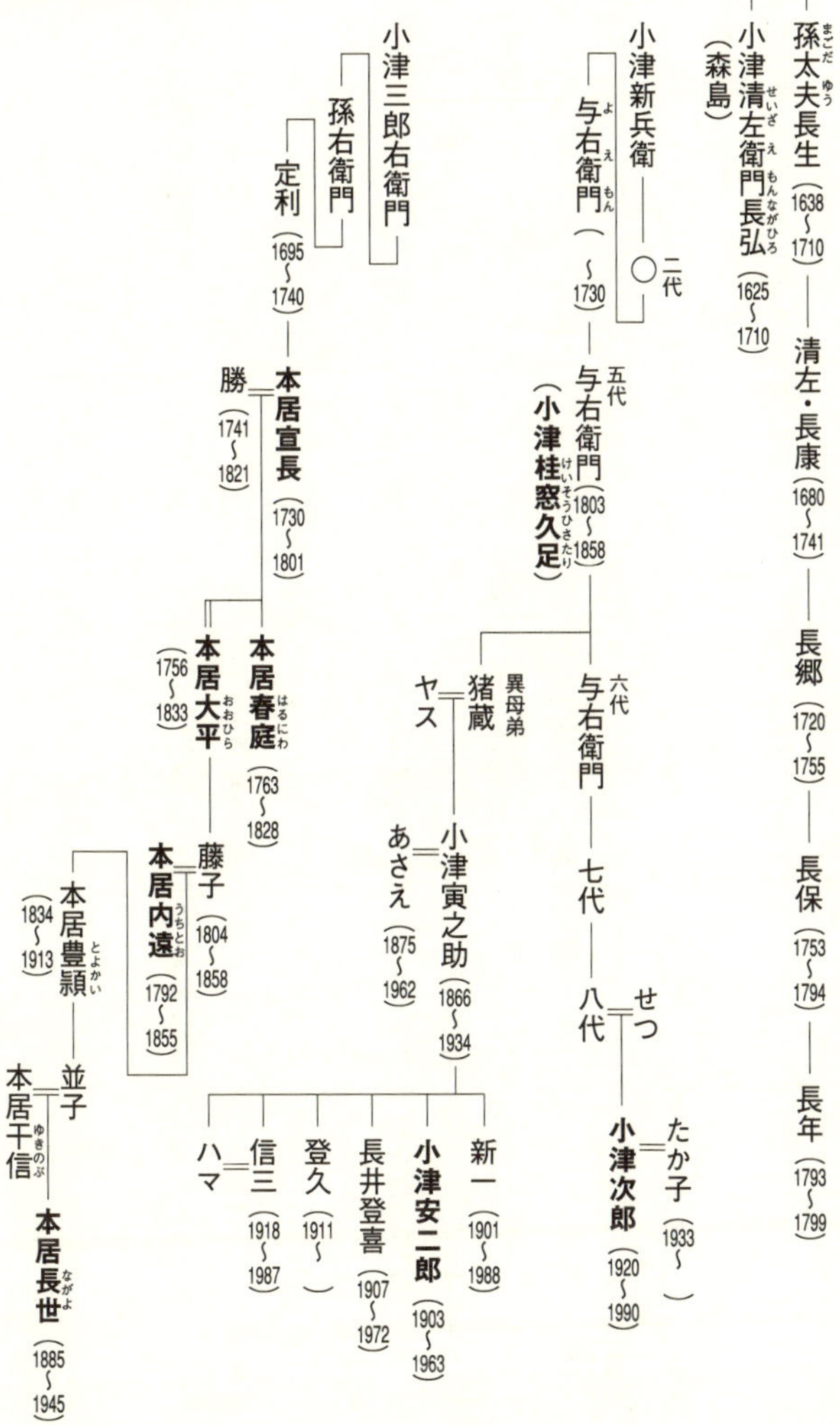
孫太夫長生（1638〜1710）
小津清左衛門長弘（1625〜1710）
（森島）
清左・長康（1680〜1741）
長郷（1720〜1755）
長保（1753〜1794）
長年（1793〜1799）
小津新兵衛
二代
○
与右衛門（〜1730）
五代
与右衛門（1803〜1858）
（小津桂窓久足）
六代
与右衛門
七代
八代
せつ
たか子（1933〜）
小津次郎（1920〜1990）
異母弟
猪蔵
ヤス
小津寅之助（1866〜1934）
あさえ（1875〜1962）
新一（1901〜1988）
小津安二郎（1903〜1963）
長井登喜（1907〜1972）
登久（1911〜）
信三（1918〜1987）
ハマ
小津三郎右衛門
孫右衛門
定利（1695〜1740）
本居宣長（1730〜1801）
勝（1741〜1821）
本居春庭（1763〜1828）
本居大平（1756〜1833）
藤子（1804〜1858）
本居内遠（1792〜1855）
本居豊頴（1834〜1913）
並子
本居千信
本居長世（1885〜1945）

柳田國男、坪内祐三の一族

民俗学者**柳田國男**については、あまりに研究書が多く、基本書が存在せず、毀誉褒貶も激しい。元は松岡國男という新体詩人で、田山花袋など文学者と親しく、花袋の小説には柳田をモデルとした人物が出てくる。また島崎藤村の「椰子の実」は、浜辺に椰子の実が流れ着いたのを見た柳田が藤村に話し、藤村が作ったもので、柳田自身はここから、晩年の『海上の道』を書いた。しかし國男は柳田家の婿養子となり、文学の道を断って農商務省の官僚となり、その傍ら経世済民の学問としての民俗学を創始し、中年以後多くの著作をなした。最もよく知られた『遠野物語』は、遠野出身の文学志望者・佐々木喜善が集めたものを柳田が書き改めたものだが、盗作というほどのものではなく、喜善は自身で『聴耳草紙』を上梓している。

國男の兄弟は松岡五兄弟と言われ、長兄は松岡鼎、次兄が井上家へ養子に行った**井上通泰**で、東京帝大に学んで眼科医となり、歌人、国文学者として知られた。末弟の**松岡映丘**は日本画家である。

國男の子のうち、次女千枝は赤星千枝の筆名で創作を書いていたが、家族の誰もそのことを知らず、三十歳で没したのち知れたという。三女・三千は國男の弟子で、東大宗教学教授を務

■柳田國男の一族

松岡賢治＝たけ

松岡鼎（1860〜1934）
井上通泰（1866〜1941）
柳田直平―孝（1886〜1972）
柳田國男（1875〜1962）
松岡静雄（1877〜1936）
松岡映丘（輝夫）（1881〜1938）

柳田國男＝孝の子：
三穂（1909〜　）
千枝（赤星千枝）（1912〜1942）
為正（1915〜1962）
堀三千（1917〜　）＝堀一郎（1910〜1974）―三郎
太田千津（1919〜　）

松岡映丘の子：みどり（舞踊家）

井上通泰―泰忠―泰子

織田正信（1903〜1945）、梅子
坪内利八＝梅子―坪内嘉雄（1920〜　）

坪内嘉雄＝泰子―坪内祐三（1958〜　）

めた**堀一郎**と結婚した。堀は宗教学を修め、これを民俗学と合わせて宗教民俗学を提唱し、ルーマニアの宗教学者ミルチャ・エリアーデを紹介した。井上通泰の孫泰子はダイヤモンド社社長の坪内嘉雄に嫁いだが、童話を書いていたらしく、その子が評論家の**坪内祐三**で、祐三はしばしば誤解されるように坪内逍遥の親戚ではなく、柳田國男の親戚なのである。また父方の大叔父に英文学者**織田正信**がいるというので、祖母梅子の弟が織田らしい。織田は昭和初年に日本で初めてヴァージニア・ウルフの翻訳を出した人で、しかもその作品は、ＳＦ風の『オーランドー』だった。

羽仁五郎、進の一族

羽仁もと子は、明治女学校に学び、『女学雑誌』の編集に携わり、報知新聞社に入社して女性記者の先駆となり、同社の羽仁吉一と結婚、『家庭之友』を創刊した。現在の『婦人之友』である。キリスト教徒であり、大正十年、自由学園を創設してキリスト教的リベラリズムの教育を行った。その娘の**羽仁説子**は、両親を助けて自由学園教授を務め、戦後、婦人民主クラブを設立し、女性運動、児童福祉運動に挺身した。群馬県桐生出身の森五郎は第四十銀行頭取森宗作の五男で、東京帝大、ハイデルベルク大学に学び、マルクス主義歴史学の研究を行い、羽仁説子と結婚して**羽仁五郎**となった。戦前から『ミケルアンヂェロ』のような著作で影響を与えたが、一九六八年、学生運動の最中、『都市の論理』がベストセラーになった。その兄の子**森喜作**は、椎茸の人工栽培に成功した農学者。

五郎の息子**羽仁進**は映画監督で、当初は岩波映画で社会性の強い映画を撮り、一九六一年の『不良少年』で評価される。妻は女優の**左幸子**、その妹も女優の**左時枝**。羽仁は一九七〇年代には、アフリカで動物の生態を撮影する仕事が増え、一九八〇年の『アフリカ物語』のあとは、劇映画は撮っていない。その娘の**羽仁未央**は、義務教育も受けず自由学園に学び、子供の頃から知的美少女として有名で、同世代の筆者などにはかすかな憧れの的だった。現在はエッセイストのほか、映画制作に携わっている。

■羽仁五郎の一族

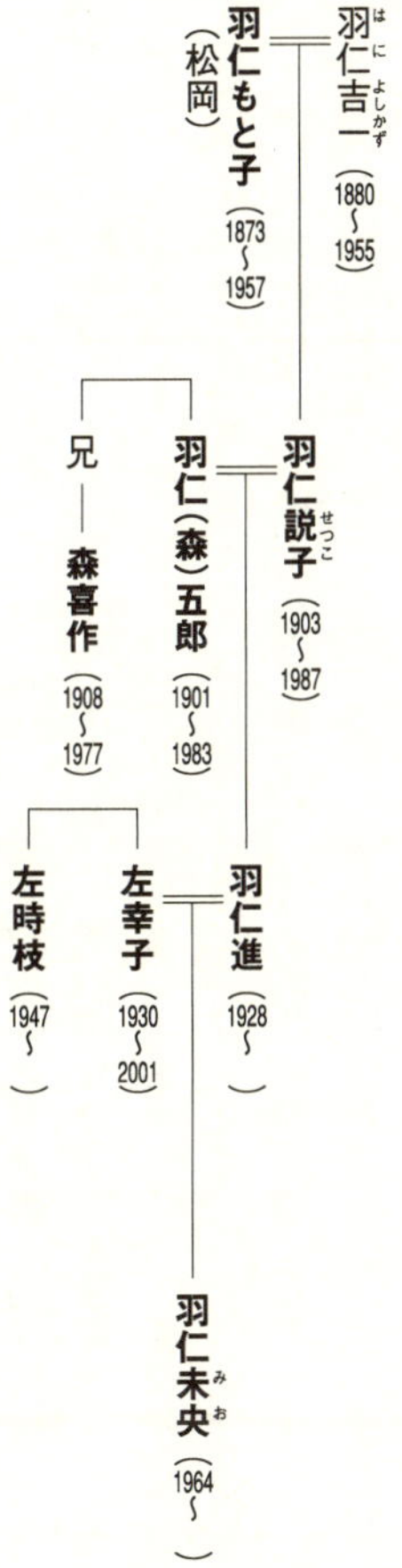
羽仁吉一（はによしかず）（1880〜1955）
羽仁もと子（松岡）（1873〜1957）
羽仁説子（せつこ）（1903〜1987）
羽仁（森）五郎（1901〜1983）
兄
森喜作（1908〜1977）
羽仁進（1928〜）
左幸子（1930〜2001）
左時枝（1947〜）
羽仁未央（みお）（1964〜）

湯川秀樹、貝塚茂樹の一族

日本人で初めてノーベル賞を受賞したとして、四十代の頃から子供向け伝記の対象になっていた**湯川秀樹**は、地質学・地理学者の**小川琢治**（たくじ）の三男である。琢治は紀伊田辺の儒者の家に生れて小川家へ養子に入り、東京帝大卒、明治四十年京都帝大地理学講座の初代教授となった。その長男小川芳樹は冶金（やきん）学者だが、五十代で没した。次男が東洋史学者の**貝塚茂樹**で、京都帝大卒、京大教授、京大人文研所長を務め、古代シナ史に多くの業績がある。秀樹は京都帝大物理学科卒、若くして中間子理論を提示し、京都帝大教授、一九四三年、三十六歳で文化勲章受章、史上最年少記録である。その後東大教授を兼ね、晩年は核廃絶運動に力を入れた。四男**小川環樹**（たまき）は漢文学者で、京都帝大卒、東北大教授、京大教授を歴任し、シナ小説、詩文の研究で業績が多い。茂樹の息子**貝塚啓明**（けいめい）は経済学者で、東大名誉教授。

■湯川秀樹の一族

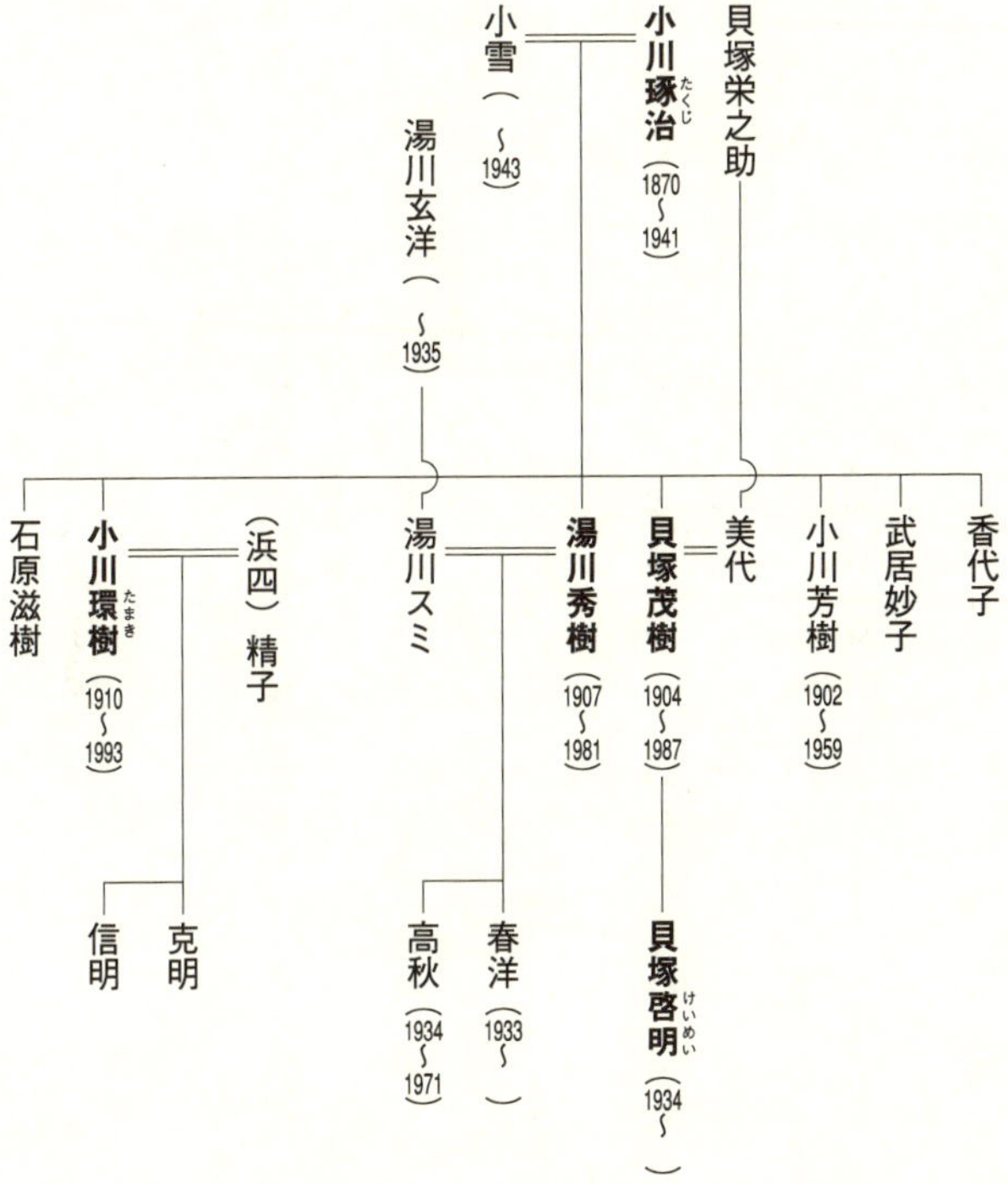

貝塚栄之助
小川琢治（たくじ）（1870〜1941）
小雪（〜1943）
湯川玄洋（〜1935）
香代子
武居妙子
小川芳樹（1902〜1959）
美代
貝塚茂樹（1904〜1987）
湯川秀樹（1907〜1981）
湯川スミ
（浜四）精子
小川環樹（たまき）（1910〜1993）
石原滋樹
貝塚啓明（けいめい）（1934〜）
春洋（1933〜）
高秋（1934〜1971）
克明
信明

梅原猛、福井謙一の一族

哲学者**梅原猛**は、**梅原半二**の子として愛知県に生れたが、生後一年で母を失い、半二の兄梅原半兵衛の養子となり、養父母を実の父母と信じて育った。養母俊は、明治三十年代にベストセラー『青春』を書いた小説家**小栗風葉**(ふうよう)の妹である。京都帝大哲学科で学んだ猛は孤独な生い立ちも一因となって太宰治などを耽読し、二十五歳の頃荒れた生活を送っていた。心配した養母俊は猛とともに住み、猛は稲垣ふさと見合い結婚し、大学教師となって、笑いの研究、仏教、日本文化に関心を深め、大学紛争で立命館大学を辞職し、二年後に京都市立芸大教授、学長を務め、四十を過ぎてから刊行した『地獄の思想』が話題となり、続けて法隆寺論、柿本人麻呂論などで広く読者を集めた。怨霊の鎮魂を主題としたため、「梅原日本学」「怨霊史観」などと呼ばれた。日本文学、日本史の専門家からは批判も多いが、平易かつ独自の怨念を滾(たぎ)らせた「梅原節」ともいうべき文章にはファンが多く、元総理中曽根康弘と親しく、その肝煎りで京都に国際日本文化研究センターを設立、初代所長となり、二度の癌手術を生き延び、文化勲章を受章した。

実父半二はトヨタ自動車に勤め、豊田中央研究所長を務めた。猛の長女**梅原ひまり**は「日の

■梅原猛の一族

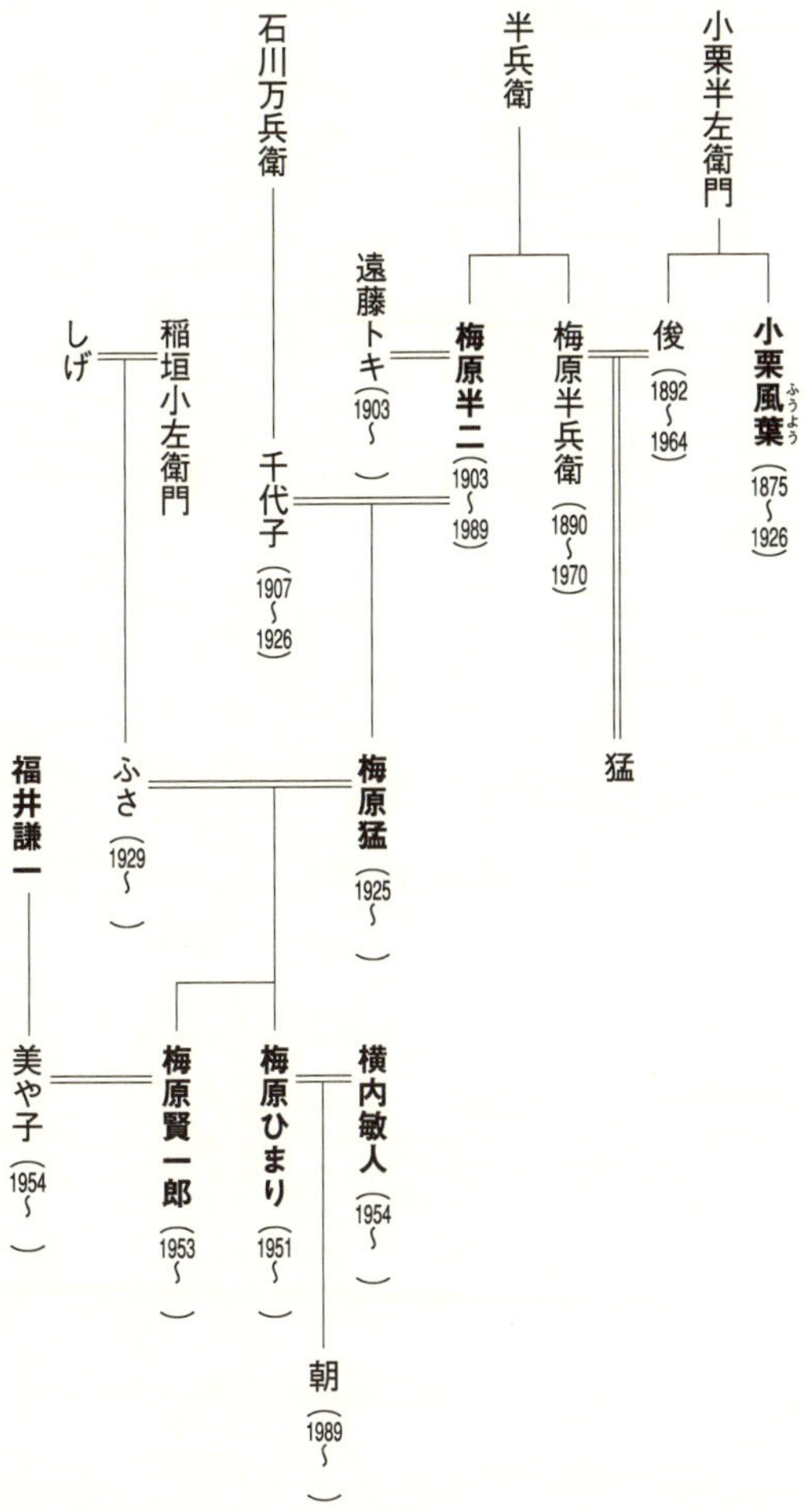
小栗半左衛門
半兵衛
石川万兵衛
小栗風葉（1875〜1926）
ふうよう
俊（1892〜1964）
梅原半兵衛（1890〜1970）
梅原半二（1903〜1989）
遠藤トキ（1903〜）
稲垣小左衛門
しげ
千代子（1907〜1926）
猛
梅原猛（1925〜）
ふさ（1929〜）
福井謙一
横内敏人（1954〜）
梅原ひまり（1951〜）
梅原賢一郎（1953〜）
美や子（1954〜）
朝（1989〜）

満ちる里」の意味で名づけられ、ピアノの道を断念した母に倣ってヴァイオリニストとなり、建築家**横内敏人**と結婚した。横内は現在、京都造形芸術大学教授。また長男**梅原賢一郎**は美学・藝術学専攻の滋賀県立大学教授で、その妻はノーベル賞受賞の化学者**福井謙一**の娘。

後藤新平、鶴見俊輔の一族

後藤新平は「大風呂敷」と呼ばれた明治政界の大立者である。今の岩手県に水沢藩士後藤実崇の子に生れ、医学を修めて、名古屋で司馬凌海の下で働く。この凌海は、司馬遼太郎の『胡蝶の夢』の主人公伊之助である。岐阜で板垣退助が刺された時に新平が治療に当たり、そこから内務省に仕えるようになり、貴族院議員、満鉄初代総裁、外務大臣を歴任し、東京市長として関東大震災後の復興に尽力した。対外強硬論者、アジア主義者でもあった。

その新平の娘愛子と結婚したのが**鶴見祐輔**で、東京帝大卒、官僚となり、衆議院議員、米内光政内閣内務政務次官を務め、戦後公職追放にあったが、鳩山一郎内閣で厚相を務め、著述家としても、小説『母』などで知られる。その娘**鶴見和子**は、津田英学塾卒業後、米国留学を経て社会学者として上智大学教授、南方熊楠の研究など多方面に活躍し、二〇〇六年長逝した。その弟**鶴見俊輔**はハーヴァード大学卒、『思想の科学』同人となり、リベラル左翼として論陣を張り、なお活動中である。祐輔の姉の娘は、外交官の市河彦太郎と結婚した市河かよ子で、フィンランドでの暮らしが長く、ともに随筆を出している。

祐輔の末弟**鶴見憲**は外交官で戦後熱海市長を務めた。その子**鶴見良行**は人類学者として、

『バナナと日本人』、『ナマコの眼』などの著作で知られる。俊輔の妻は英文学者の**横山貞子**、息子の**鶴見太郎**は民俗学を専攻し、現在早大准教授。東大を中心とする学閥社会を批判する左翼・鶴見俊輔が、こうした華麗な血脈の中にいることは、ある皮肉と必然を感じさせる。

■後藤新平・鶴見俊輔の一族

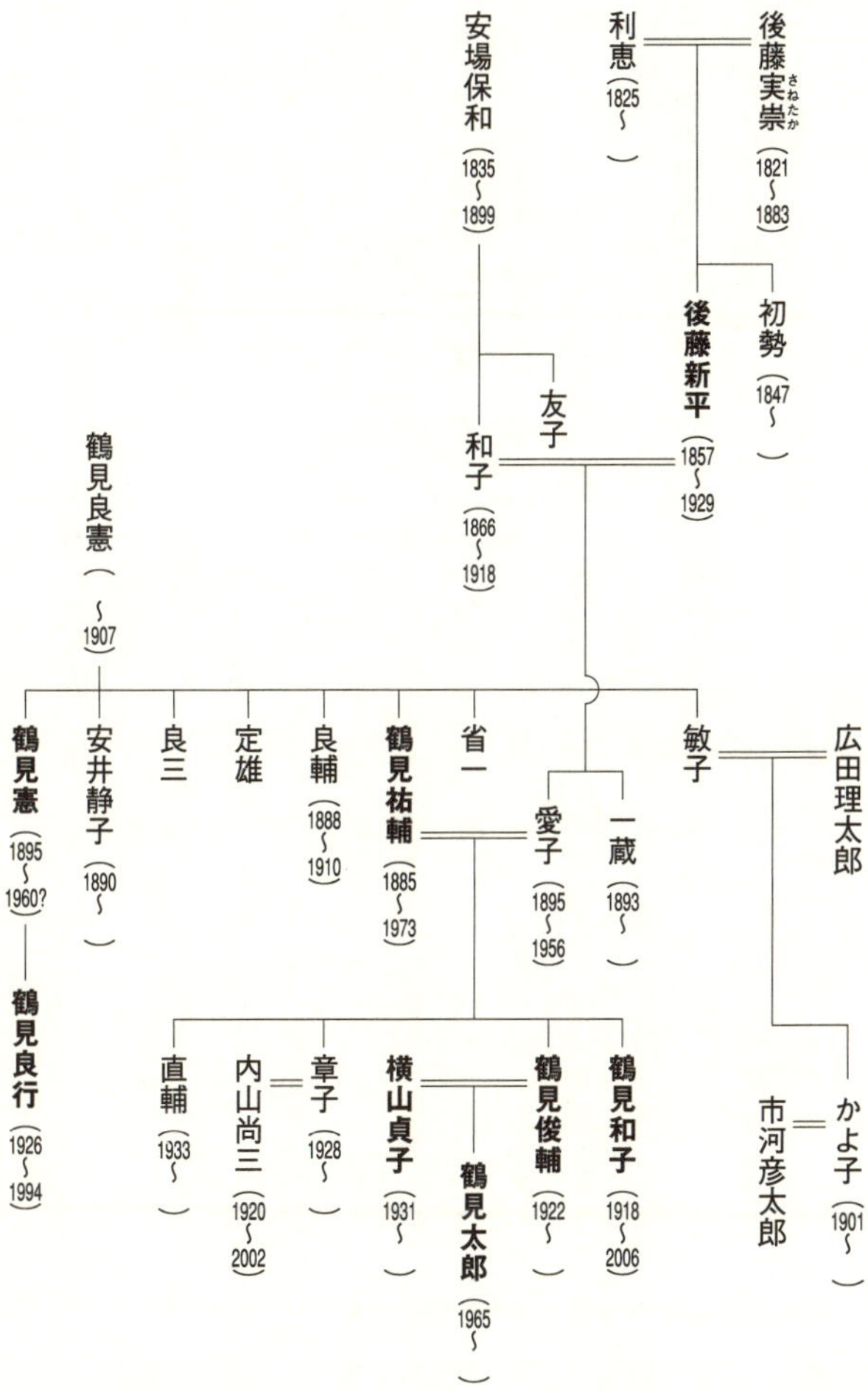
後藤実崇（さねたか）（1821〜1883）
利恵（1825〜）
安場保和（1835〜1899）
初勢（1847〜）
後藤新平（1857〜1929）
友子
和子（1866〜1918）
鶴見良憲（〜1907）
広田理太郎
敏子
一蔵（1893〜）
愛子（1895〜1956）
省一
鶴見祐輔（1885〜1973）
良輔（1888〜1910）
定雄
良三
安井静子（1890〜）
鶴見憲（1895〜1960?）
鶴見良行（1926〜1994）
かよ子（1901〜）
市河彦太郎
鶴見和子（1918〜2006）
鶴見俊輔（1922〜）
横山貞子（1931〜）
鶴見太郎（1965〜）
章子（1928〜）
内山尚三（1920〜2002）
直輔（1933〜）

中野好夫、土井晩翠の一族

英文学者・評論家の**中野好夫**は、東大教授を五十歳で辞職し「東大教授では食えない」と言ったとして話題になった。モーム、シェイクスピアの翻訳、評論など著作は多く、『蘆花徳冨健次郎』で大佛次郎賞受賞。進歩派の立場にたって東京都知事選では美濃部亮吉を応援した。日本の英文学界の草分け、斎藤勇(たけし)に可愛がられて東京帝大助教授になり、詩人・英文学者の**土井晩翠**(どいばんすい)の次女信子(のぶこ)との間に四子を儲けたが、信子は若くして死去、後妻として静(しず)を迎えた。長男**中野好之**は東大経済学部卒業、國學院大學教授を務め、好夫が訳し残したギボンの『ローマ帝国衰亡史』を、朱牟田(しゅむた)夏雄が引き継いださらに後を継いで完成させたが、ほか英国の保守思想家エドマンド・バークなどの研究から、父よりも祖父晩翠に連なる保守思想を抱くことになり、皇統をめぐる著書を上梓している。その子**中野春夫**はシェイクスピア研究者で学習院大学教授、その妻**中野香織**は東大大学院修了、英国の服飾研究者である。

また好夫の長女**中野利子**はノンフィクション作家で、こちらは父の思想を受け継ぎ、カナダの外交官ハーバート・ノーマン伝などを著し、『父中野好夫のこと』で日本エッセイストクラブ賞受賞。

■中野好夫、土井晩翠の一族

（中野好夫）

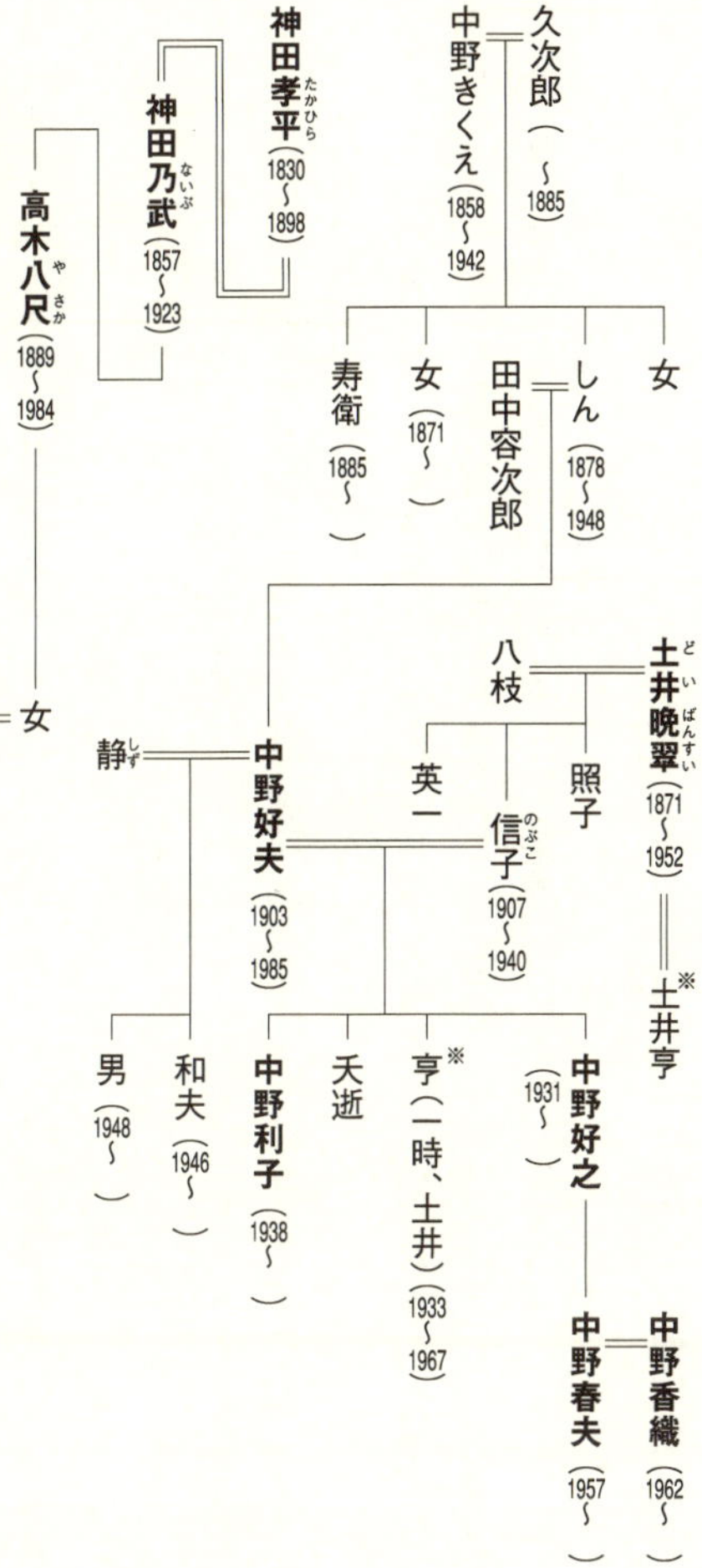

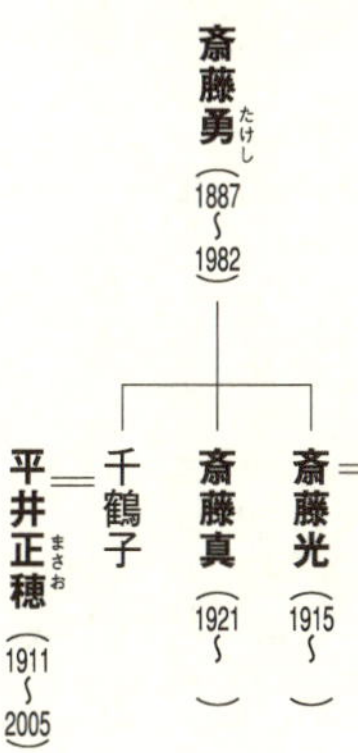

その他、学界の血脈を挙げると、幕末・明治期の官僚洋学者**神田孝平**（たかひら）の養子が明治期の英学者**神田乃武**（ないぶ）、その実子がアメリカ研究の先達、**高木八尺**（やさか）東大教授である。また**斎藤勇**（たけし）の長男**斎藤光**はアメリカ文学者で高木の女婿、東大教養学部教授を務め、次男**斎藤真**は政治学者で東大法学部教授を務め、文化勲章受章。勇は真の子に殺されるという悲劇的な最期を迎えたが、犯人の男子は心神喪失状態と判断され不起訴。また娘の千鶴子は、東大英文科教授を務めた**平井正穂**（まさお）に嫁いだ。

＊

明治期の国語・国文学者として名高い**芳賀矢一**（はがやいち）の子が、日本浪漫派に属したドイツ文学者の**芳賀檀**（まゆみ）である。檀は右翼的な思想の持ち主とされ、戦後関西学院大学教授を務めたが、戦後、東大教授になれなかった恨みを文章にして話題となった。

＊

比較文学者で東大名誉教授の**芳賀徹**は、しばしば芳賀檀の息子と勘違いされるが、日本史学者で東京教育大学教授を務めた**芳賀幸四郎**の息子である。幸四郎は東京帝大在学中に左翼運動をして退学になり、その困苦の中で徹が生れるという意外な苦難を嘗めている。

＊

明治から昭和にかけて活躍した国語・言語学者で東京帝大教授だった**上田萬年**（かずとし）の娘が、作家の**圓地文子**（えんちふみこ）である。夫は新聞記者をしていた**圓地与四松**（よしまつ）で、結婚当時は与四松のほうが有名だった。

第六章　古典藝能の名家をたどる

市川團十郎、松本幸四郎の一族

歌舞伎俳優の世界は、日本でも特に門閥制の強い社会である。人形浄瑠璃（文楽）の世界ではそれほど世襲は強くないし、能楽の世界では宗家（そうけ）は世襲だが、門閥以外でも名人が出る実力主義である。歌舞伎の世界では、門閥出身でないと、実力者であっても主役を演じることはできない。

また歌舞伎の世界には屋号があり、これも存外入り組んでいて、歴史があるため、松本幸四郎の子が市川染五郎といったように姓の部分が親子で違ったり、市川左団次と市川男女蔵のように、親は高島屋で子は滝野屋と、屋号が違うこともある。

江戸歌舞伎の世界では、荒事（あらごと）の創始者として**市川團十郎**の家は特別な位置を占めているが、同時に悲運にもつきまとわれ、六代目は父の五代目より先に二十一歳で早死にし、八代目は三十そこそこで突如切腹自殺した。團十郎の名を高めたのは明治の九代目で、それまでの史実をひどくねじ曲げた荒唐無稽な歌舞伎を排し、史実に忠実な芝居を演じる演劇改良を行った。「活歴」と悪口を言われたが、現在私たちが観ている歌舞伎は、「團菊左」と呼ばれた團十郎、五代尾上（おのえ）菊五郎、市川左団次が作り上げた近代歌舞伎である。だが九代目は男子に恵まれず、長女で舞踊家の翠扇の夫が、二代目の俳号だった**市川三升**を名乗り、銀行員を辞めて役者になり、市川宗家を継いだが、やはり演技がまずく、遂に十代目を名乗れないまま死に、追贈された。

松本幸四郎も江戸時代以来の名跡だが、舞踊藤間流の藤間勘右衛門の養子で、五代目團十郎の孫である七代目幸四郎は子に恵まれ、長男が團十郎家を継いで十一代目となったが、良家から来た妻と合わず、貧しい生まれの女中と恋仲になって男子を儲け、一時期辛い日々を強いられた。そのことは宮尾登美子の小説『きのね』に詳しいが、市川家の許可が得られなかったため、変名で書いてある。しかし十一代目は五十代で病死。その子が現在の十二代目團十郎、その子が現在の**市川海老蔵**で、海老蔵には十一代目の面影がある。娘の**市川ぼたん**は舞踊市川流で襲名、女ながら歌舞伎座の舞台にも立った。堀越が本姓である。屋号は成田屋で、成田山新勝寺と深い関係がある。

七代目幸四郎の次男が八代目幸四郎で、大正期に歌舞伎は松竹傘下に入り、他には前進座があったが、八代目は戦後松竹を抜けて東宝歌舞伎を率いた。その後フリー。歌舞伎での口跡がよく、文化勲章受章、九代目を息子に譲って白鸚を名乗ったがほどなく没した。その子が現在の九代目**松本幸四郎**で、早大中退、歌舞伎のほか、ミュージカル『ラ・マンチャの男』のロングラン公演で知られる。その子が**市川染五郎**と女優の**松たか子**、また幸四郎の妻**藤間紀子**は医

二代 藤間（ふじま）勘右衛門（かんえもん）（1840〜1925）
＝
七代 **松本幸四郎**（三代 勘右衛門）（市川金太郎 染五郎、高麗蔵）（1870〜1949）

（九代目）

九代 **市川團十郎**（河原崎権十郎、権之助）（1838〜1903）

二代 市川翠扇（すいせん）（1880〜1944）＝五代 **市川三升**（さんしょう）（十代 團十郎追贈）（1880〜1956）

二代 市川旭梅（1882〜1947）＝五代 市川新之助（1885〜1957）

三代 市川翠扇（1913〜1978）

十一代 **市川團十郎**（松本金太郎 市川高麗蔵、海老蔵）（堀越）（成田屋）（1909〜1965）

十二代 **市川團十郎**（新之助、海老蔵）（1946〜 ）

十一代 **市川海老蔵**（新之助）（1977〜 ）

三代 **市川ぼたん**（1980〜 ）

■市川團十郎の一族

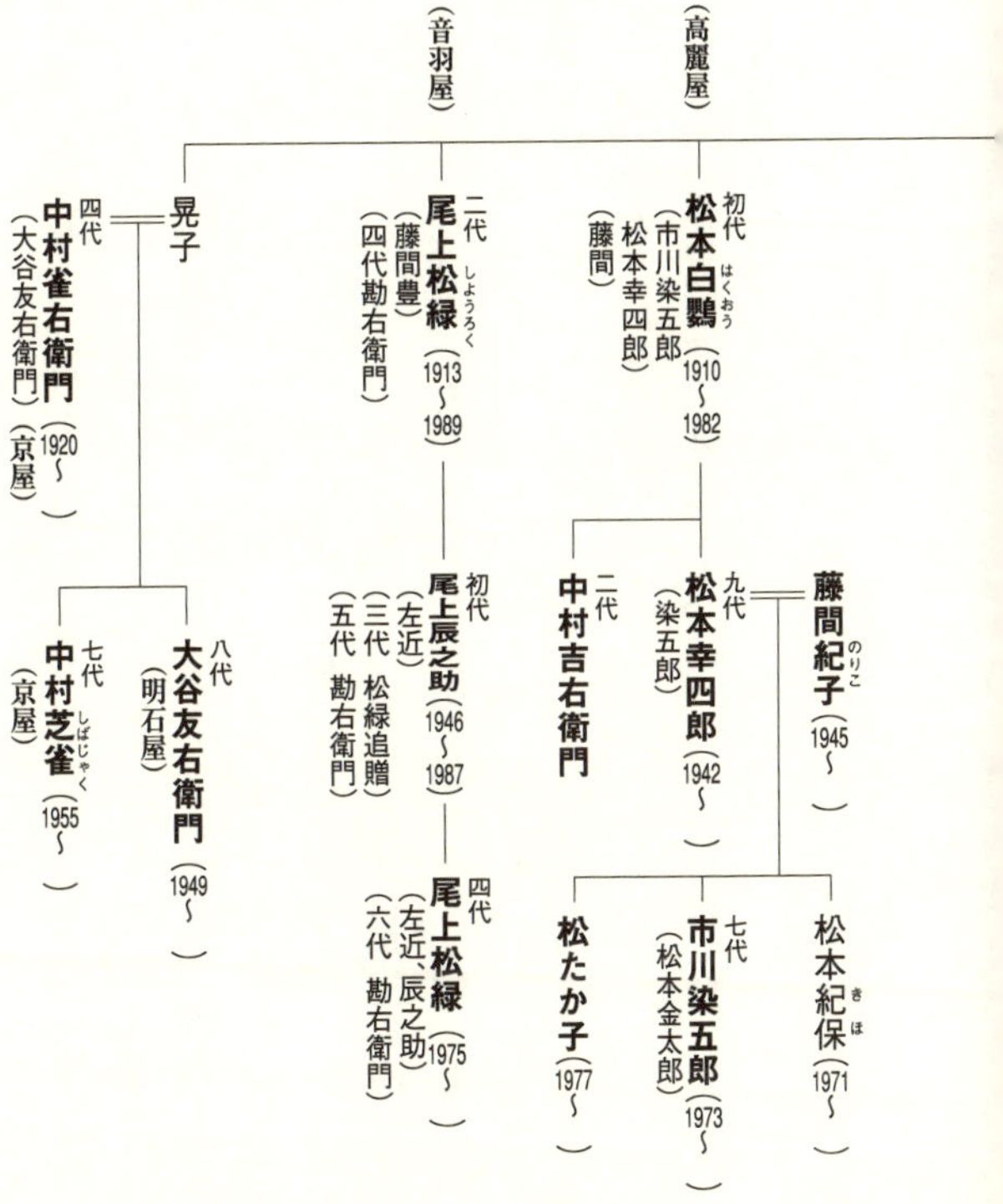

（高麗屋）
初代
松本白鸚（1910〜1982）
はくおう
（市川染五郎　松本幸四郎）
（藤間）
（音羽屋）
二代
尾上松緑（1913〜1989）
しょうろく
（藤間豊）
（四代勘右衛門）
晃子
四代
中村雀右衛門（1920〜　）
（大谷友右衛門）（京屋）
藤間紀子（1945〜　）
のりこ
九代
松本幸四郎（1942〜　）
（染五郎）
二代
中村吉右衛門
初代
尾上辰之助（1946〜1987）
（左近）
（三代　松緑追贈）
（五代　勘右衛門）
八代
大谷友右衛門（1949〜　）
（明石屋）
七代
中村芝雀（1955〜　）
しばじゃく
（京屋）
松本紀保（1971〜　）
きほ
七代
市川染五郎（1973〜　）
（松本金太郎）
松たか子（1977〜　）
四代
尾上松緑（1975〜　）
（左近、辰之助）
（六代　勘右衛門）

師の娘で慶応大学卒業、美貌で知られ、早くから対談、随筆などで活躍している。屋号は高麗屋（こうらいや）。ただし、松本、市川が混在しているので少々ややこしい。

三男は、六代目尾上菊五郎の門下に加わって、**尾上松緑**（しょうろく）を名乗り、名優となった。屋号は音羽屋だが、紀尾井町（きおいちょう）に住んでいたため、よく「紀尾井町！」と掛け声がかかった。文化勲章受章。ただし嗣子（しし）の**尾上辰之助**が四十歳で病死するという悲運に見舞われた。現在の菊五郎、團十郎とともに、辰之助、丑之助（うしのすけ）、新之助の三之助と呼ばれたが、辰之助のみ襲名する名がなかった。幼くして父を失った左近は、辰之助を継いで、現在の菊之助、当時新之助だった海老蔵とともに「平成の新三之助」と呼ばれたが、父に三代目松緑を追贈して四代目**尾上松緑**となり、初代門下の市川団蔵、尾上松助（まつすけ）らに伝えられた祖父譲りの明瞭な口跡を持ち味としている。なお舞踊藤間流には、勘十郎の宗家と勘右衛門の家元とがあり、勘右衛門は松緑、辰之助、現辰之助に伝わる家元である。

七代目幸四郎の娘と結婚したのが、現在、日本俳優協会会長で歌舞伎界の長老、女形の**中村雀右衛門**（じゃくえもん）である。若いころは大谷友右衛門として映画でも活躍した。屋号は京屋（きょうや）で、次男の**中村芝雀**（しばじゃく）に伝えられ、長男の**大谷友右衛門**は明石屋である。

尾上菊五郎、寺島しのぶの一族

尾上菊五郎の名跡は、市川團十郎と並ぶ歴史をもつが、今日その名が高いのは、もっぱら六代目が冠絶した名優だったことによる。五代目は、九代目團十郎、初代左団次と併称される俳優だったが、はじめ実子がなく、養子を二人とったのが、**尾上菊之助**と六代**尾上梅幸**である。だが四十過ぎて五代目に実子ができ、菊之助は身持ちが悪いとのことで離縁され、大阪で尾上松幸の名で舞台に立っていたが、周囲の斡旋で許され、再び菊之助として戻ったが、若くして没した。数え十二歳で歌舞伎が好きだった谷崎潤一郎は、その葬列を見に行ったという。大阪時代の恋人と別れる菊之助の悲恋物語は、村松梢風が「残菊物語」に書いて、三度映画化された。五代目が死ぬと、実子の丑之助がすぐ六代目を継ぎ、大正・昭和を代表する名優として、尾上松緑らを擁する菊五郎劇団を松竹内に作り、歌舞伎界は初代中村吉右衛門と菊五郎の両派に二分され「菊吉時代」を現出した。ために両者の死後、昔を知る劇通が「あの頃はよかった」と言うのを「菊吉爺」と呼んだものだ。明治を偲ぶ「団菊爺」は、これに合わせて作られたようだ。六代目は立役、女形ともによくし、舞踊も名手だった。六代梅幸の子孫は、いずれも前名栄三郎を名乗ったが、二代続けて若死にし、以後歌舞伎界で栄三郎の名は封印された。

五代
尾上菊五郎（1844〜1903）
（寺島）
（市村羽左衛門、家橘）

（五代目）

二代
尾上菊之助（1867〜1897）

六代
尾上梅幸（1870〜1934）
（栄之助、栄三郎）

寺島千代（1899〜1989）

六代
尾上菊五郎（1885〜1949）
（丑之助）

七代
尾上栄三郎（1900〜1926）
（丑之助）

八代
栄三郎（1925〜1945）

七代
尾上梅幸（1915〜1995）
（丑之助、菊之助）

二代
尾上九朗右衛門（1922〜2004）

久枝

十七代
中村勘三郎

七代
尾上菊五郎（1942〜　）
（丑之助、菊之助）

富司純子（1945〜　）
（**藤純子**）

寺島しのぶ（1972〜　）

五代
尾上菊之助（1977〜　）
（丑之助）

■尾上菊五郎の一族

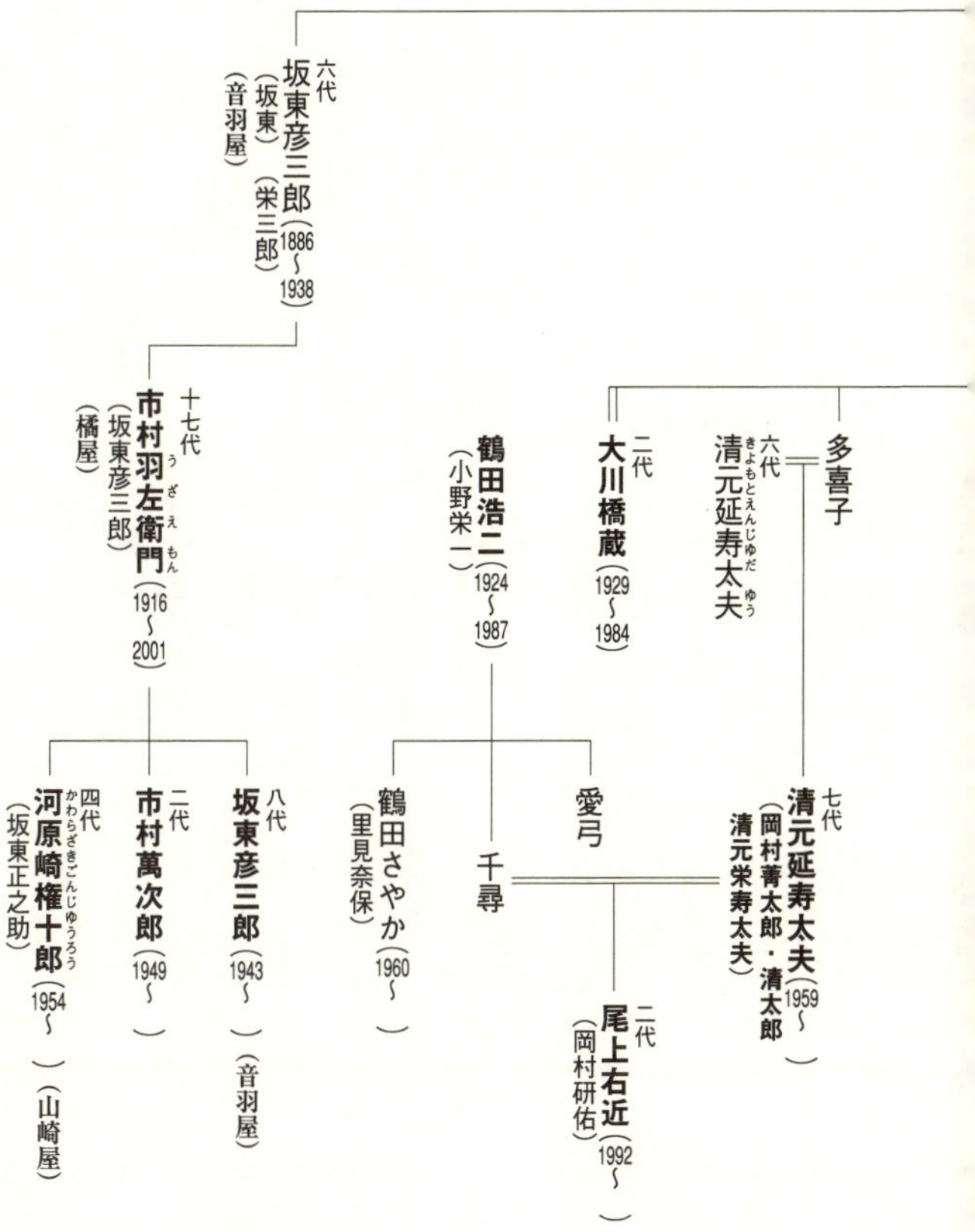

六代 坂東彦三郎（1886〜1938）（坂東）（栄三郎）（音羽屋）
十七代 市村羽左衛門（1916〜2001）（坂東彦三郎）（橘屋）
八代 坂東彦三郎（1943〜　）（音羽屋）
二代 市村萬次郎（1949〜　）
四代 河原崎権十郎（1954〜　）（坂東正之助）（山崎屋）
多喜子
六代 清元延寿太夫
二代 大川橋蔵（1929〜1984）
鶴田浩二（1924〜1987）（小野栄一）
七代 清元延寿太夫（1959〜　）（岡村菁太郎・清太郎 清元栄寿太夫）
愛弓
鶴田さやか（1960〜　）（里見奈保）
千尋
二代 尾上右近（1992〜　）（岡村研佑）

昭和二十四年、六代目の死は劇界の大事件だったが、大名跡だけに七代目はなかなか決まらず、養子の七代目**尾上梅幸**は舞踊の名手、また名優でありながらこれを継がなかった。次男の九朗右衛門が継ぐ案もあったが、昭和四十一年、梅幸の子の菊之助が、大河ドラマ『源義経』に主演すると人気が沸騰、昭和四十八年、七代目**尾上菊五郎**を襲名した。菊之助は、映画「緋牡丹博徒」シリーズのスターで、静御前を演じた**藤純子**と結婚して話題となった。九朗右衛門は病を得て、米国に渡り、歌舞伎を広める活動に従事した。藤純子は結婚とともに引退したが、一時期寺島純子の名でテレビ番組の司会を務め、一九八九年、**富司純子**と改名して女優に復帰、ブランクを感じさせない演技力で世を瞠目させた。長男**尾上菊之助**は、菊五郎家の、立役も女形もする「兼ねる役者」として活躍、姉の**寺島しのぶ**は、独特の色気を感じさせる演技派女優として地歩を築いている。

六代目の弟子で、夫人の養子だった二代目**大川橋蔵**は、歌舞伎を離れ、時代劇俳優として、テレビで銭形平次を長く務めたが、五十五歳で死んだ。六代目の長女久枝は現中村勘三郎の母、次女多喜子は、清元流家元の六代清元延寿太夫に嫁ぎ、その子は**岡村菁太郎**の名で美少年俳優として活躍、テレビドラマ『笛吹童子』の主役を務めるなどしたが、父の死後、七代**清元延寿太夫**を継いで清元節に専念しているが、美貌は相変わらずである。その妻は俳優**鶴田浩二**の次女、その子岡村研佑は名子役として二代目**尾上右近**を襲名し、歌舞伎の舞台に立っている。六代目の藝能の血は凄まじいまでの力をその子孫たちに残していると言うほかあるまい。

　六代目の弟は坂東家養子となり六代坂東彦三郎となり、その子は歌舞伎の座元十七代**市村羽左衛門**を継いだが、実力が開花したのは晩年になってからだった。三人の子が歌舞伎俳優になっているが、三男の坂東正之助は、三代目の死後途絶えた**河原崎権十郎**を襲名した。正之助時代、女優の藤吉久美子と結婚していたことがある。

市川左團次の一族

市川左團次も、古くからある名跡ではなく、幕末に市川小團次の養子が名乗ったのが初めてである。屋号は高島屋、姓は高橋。九代團十郎、五代菊五郎と「團菊左」と称される明治の名優で、明治座の座主兼座頭だった。その子二代目**市川左團次**は、劇界の風雲児で、小山内薫と提携して「自由劇場」を創設し、真山青果の『元禄忠臣蔵』など新作歌舞伎の上演に力を入れた。谷崎潤一郎とも親しかった。なお二代目は、藝妓浅利登美子を妻としたが、これは幕末の剣豪**浅利又七郎義信**の孫で、登美子の姉たけは、教科書会社を経営する小林八郎と結婚、生れたのが**浅利鶴雄**で、浅利姓を継いだ。鶴雄は左團次の奥役（秘書）を務め、後に三田英児の藝名で映画俳優をしていたが、戦後廃業した。劇作家の**水木京太**の妻になった小林豊子は鶴雄の妹で、その娘が女優の**七尾伶子**である。

浅利鶴雄の子が、現在の劇団四季代表**浅利慶太**で、二代目左團次には子がなかったため、幼い慶太に左團次を継がせる話があり、一時期市川家で育てられていたという。慶太は劇団四季の看板女優**野村玲子**と二〇〇三年、入籍した。

昭和十五年の二代目左團次の死後、左團次の名跡は長く絶えていたが、市川門之助の子市川

■市川左團次の一族

四代 市川小團次（1812〜1866）

初代 右團次（1843〜1916）

二代 右團次（右之助）（1881〜1936）

二代 右之助（1919〜?）

三代 右之助（1947〜）

五代 小團次（1850〜1922）

初代 左團次（1842〜1904）

（初代左團次）

二代 **市川左團次**（ぼたん 小米、莚升）（1880〜1940）

六代 市川門之助（女寅）（1862〜1914）

三代 **市川左團次**（男寅（おとら）、男女蔵（おめぞう））（1898〜1967）

四代 **市川左團次**（男寅、男女蔵）〈高島屋〉（1940〜）

六代 **市川男女蔵**（男寅）〈滝野屋〉（1967〜）

浅利又七郎義信（?〜1853）

○

姉 浅利たけ ＝ 小林八郎

四女 浅利登美子（1889〜）

浅利鶴雄（三田英児）（1897〜1980）

小林豊子（妹） ＝ **水木京太**（七尾嘉太郎）（1894〜1948）

浅利慶太（1933〜） ＝ **野村玲子**（りょうこ）（1961〜）

七尾伶子（れいこ）（1925〜2006） ＝ 臼井正明

路伊（1927〜）

男女蔵（おめぞう）が三代目を継いだ。姓は荒川。その子が現在の四代目**市川左團次**である。豪快な人柄で知られ、『俺が噂の左團次だ』の著書がある。息子も男女蔵を襲名して若手歌舞伎俳優として活躍中だが、男寅（おとら）、男女蔵の屋号は、いずれも、門之助系統であるため屋号が滝野屋で、左團次は高島屋なので、親子ながら屋号が違うという変則的な形になっている。筆者は以前歌舞伎座で、男寅時代の男女蔵に「高島屋！」と声をかけ、あとで間違いに気づいて冷汗をかいたことがある。この「高島屋」については話があって、客が「高島屋！」と声をかけたら歌舞伎座の案内嬢がとんできて「今日は三越の団体さまがおいでなのでやめてください」と言ったとか。

中村吉右衛門、中村勘三郎の一族

三代目中村歌六（かろく）の子孫は、三つに分かれて栄えている。歌六は芝居茶屋萬屋（よろずや）の娘小川かめと結婚して、長男は、大正・昭和初期の名優初代**中村吉右衛門**で、姓は波野、屋号は播磨屋である。しかし男子が早世し、女子は八代目松本幸四郎（白鸚）に嫁いだので、その次男を養子として二代目**中村吉右衛門**とした。ドラマ「鬼平犯科帳」で歌舞伎を見ない人にも知られ、歌舞伎においてもトップクラスの人気と実力を誇っている。

三代歌六の次男が、三代中村時蔵で、これは母方の姓である小川を名乗った。この時蔵が子に恵まれ、二代中村歌昇（かしょう）、四代中村時蔵、中村獅童、中村錦之助、中村嘉津雄（かつお）を儲けた。四代**時蔵**は美しい女形として人気があったが、睡眠薬事故で四十五歳で没した。自殺説もある。初代**獅童**は歌舞伎を廃業し、本名小川三喜雄で俳優もやったが、現在はプロデューサー。また二代歌昇は昭和三十五年、病気のため廃業している。

三代歌六は、妻の家の屋号である萬屋を自分の歌舞伎俳優としての屋号にしたいと思っていたが、昭和四十六年、歌舞伎の道に進まず、映画俳優として人気抜群だった**中村錦之助**と、その弟でやはり映画俳優の**中村嘉津雄**（かつお）とともに、甥である米吉（よねきち）、光輝（みつてる）、梅枝（ばいし）を揃えて、新しい屋号としての萬屋を創設し、歌舞伎座で披露を行った。併せて錦之助が歌舞伎座で公演も行ったが、錦之助と嘉津雄は、歌舞伎の一門の出身ではあっても歌舞伎俳優ではなかったから、かなり変則的な事態である。中村錦之助はその後、名を**萬屋錦之介**と改め、嘉津雄は嘉葎雄と改めた。錦之介は当初女優の有馬稲子、ついで淡路恵子と結婚して二人の男子を儲けたが、最後は宝塚出身の甲にしきと結婚した。淡路は最初の夫だったフィリピン人歌手ビンボー・ダナオとの間に二人の男子があり、一人が俳優・島英津夫で、錦之介を義父と仰いでいたが、今は活動していないようだ。

一九八一年、この甥たちは、揃って、五代歌六、三代歌昇、五代時蔵を襲名した。なお**中村歌昇**は、子供時代、中村光輝として大河ドラマ『天と地と』で上杉謙信の幼年時代を演じて人気があった。**中村時蔵**は、当時、坂東玉三郎に次ぐ美貌の女形とされ、いくぶん萬屋の頭株のようだが、最年長者は歌六である。また時蔵の弟信二郎は、二〇〇七年、二代**中村錦之助**を襲名したが、初代は歌舞伎俳優ではなかったので、これは歌舞伎俳優として初めての名である。初代獅童の息子の二代**中村獅童**は、近年、映画やドラマで活躍している。

歌六の三男は、歌舞伎の座頭の名である十七代**中村勘三郎**を継ぎ、実力俳優として活躍、その子の中村勘九郎は、さまざまな試みで歌舞伎の人気を盛り上げようとしており、近年十八代**中村勘三郎**を襲名した。こちらは屋号は中村屋だが、姓は吉右衛門と同じ波野である。姉は波

■中村吉右衛門の一族

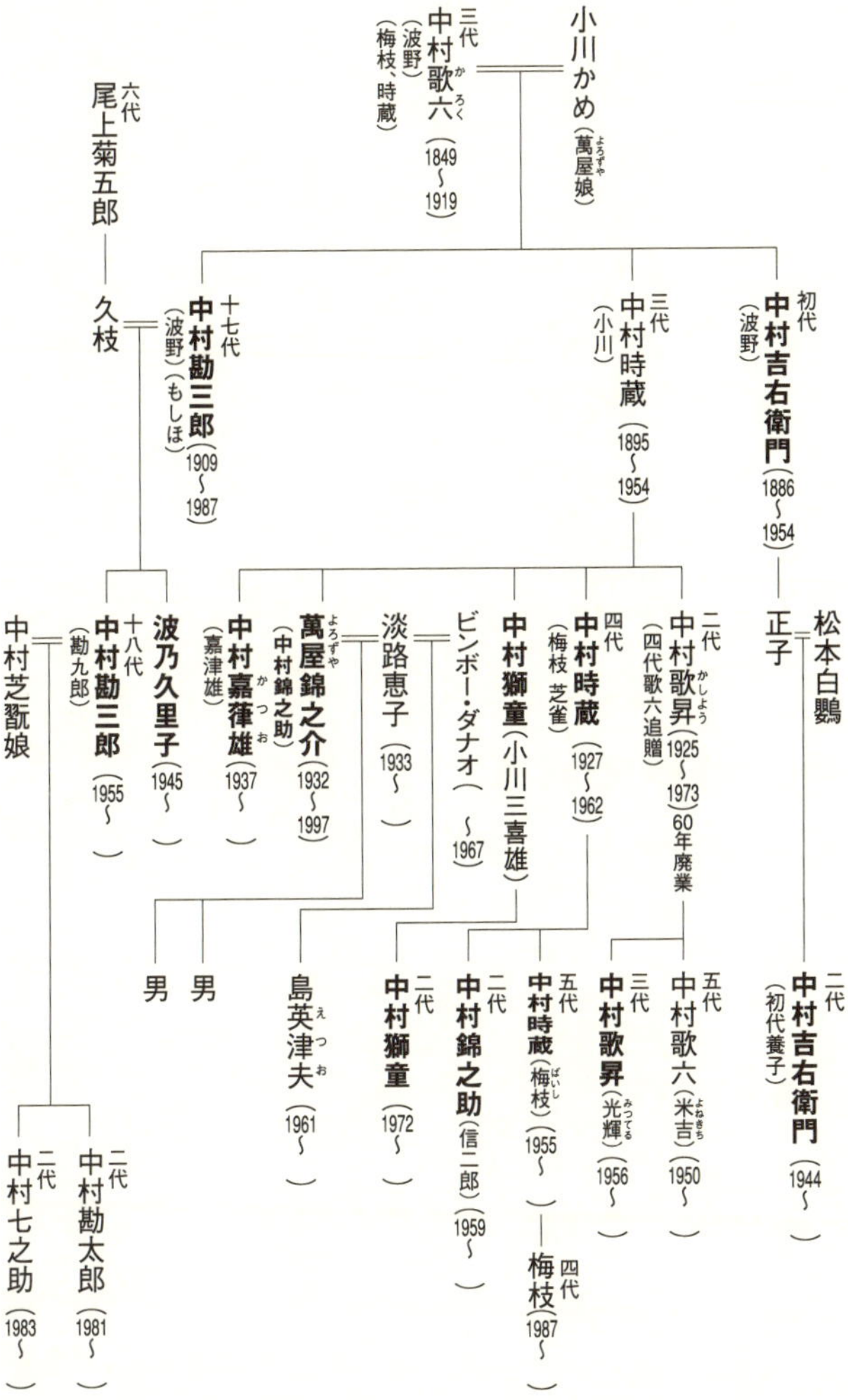

小川かめ（萬屋娘）
三代 中村歌六（波野）（梅枝、時蔵）（1849〜1919）
六代 尾上菊五郎
初代 中村吉右衛門（波野）（1886〜1954）
三代 中村時蔵（小川）（1895〜1954）
十七代 中村勘三郎（波野）（もしほ）（1909〜1987）
久枝
松本白鸚
正子
二代 中村歌昇（四代歌六追贈）（1925〜1973）60年廃業
四代 中村時蔵（梅枝 芝雀）（1927〜1962）
中村獅童（小川三喜雄）
ビンボー・ダナオ（〜1967）
淡路恵子（1933〜）
萬屋錦之介（中村錦之助）（1932〜1997）
中村嘉葎雄（嘉津雄）（1937〜）
波乃久里子（1945〜）
十八代 中村勘三郎（勘九郎）（1955〜）
中村芝翫娘
二代 中村吉右衛門（初代養子）（1944〜）
五代 中村歌六（米吉）（1950〜）
三代 中村歌昇（光輝）（1956〜）
五代 中村時蔵（梅枝）（1955〜）
四代 梅枝（1987〜）
二代 中村錦之助（信二郎）（1959〜）
二代 中村獅童（1972〜）
島英津夫（1961〜）
男
男
二代 中村勘太郎（1981〜）
二代 中村七之助（1983〜）

乃久里子の名で新派の看板女優。座元というのは江戸三座といわれる市村座、中村座、守田座で、現在、市村羽左衛門、守田勘弥の名を名乗る俳優はいない。

片岡仁左衛門の一族

片岡仁左衛門は大阪歌舞伎の名跡である。屋号は松嶋屋、本姓も片岡。八代目は江戸でも活躍したが、その後四十年以上名跡が途絶えた。その三男我童が明治二十八年に仁左衛門襲名披露を大阪で行ったが、上方の長老市川右団次、弟の我當が参加しなかったため苦悩から発狂して死んだという。その後明治四十年に仁左衛門を継いだのがその弟我當で、八代目養子で既に没していた我當に九代目仁左衛門を追贈したため、狂死した兄は十代目、自身は十一代目となった。十一代目は名優で、晩年、東京に移住して重鎮となった。その後八代目の娘の子で十代目の養子が仁左衛門を継いだが、昭和二十一年、住み込みの座付き作者見習いの男に殺された。

十三代目**片岡仁左衛門**は戦後を代表する歌舞伎俳優で、京都に住んで関西歌舞伎の復興に尽力し、著書も多いが、藝がよくなったのは六十を過ぎてからだった。十三代目には三男があり、長男が**片岡我當**、次男が**片岡秀太郎**、三男が片岡孝夫だったが、孝夫は若いころから人気実力ともにあり、特に坂東玉三郎とのコンビは「孝玉」と呼ばれ、若い歌舞伎ファンを魅了していた。しかし三男であるため仁左衛門襲名は難しいだろうと見られていたが、松竹会長・永山武臣（たけおみ）と我當が協議して孝夫の襲名を決め、十二代目の長男で没した片岡我童に十四代を追贈した上で十五代目**片岡仁左衛門**を襲名した。次兄の秀太郎は女形だが、近年独自の艶のある演技をするようになった。一時期、女優の高田美和と結婚していた。美和は俳優・歌手の高田浩吉の次女。その養子**片岡愛之助**は若手として近年人気が高い。

十五代仁左衛門の長男は**片岡孝太郎**（たかたろう）で、女形をした時に、幸薄い女の色気を漂わせ、将来の大器を窺わせる。長女**汐風幸**（しおかぜこう）は宝塚歌劇団で男役を務め、二〇〇三年退団。次女**片岡京子**はもっぱら舞台女優。

■片岡仁左衛門の一族

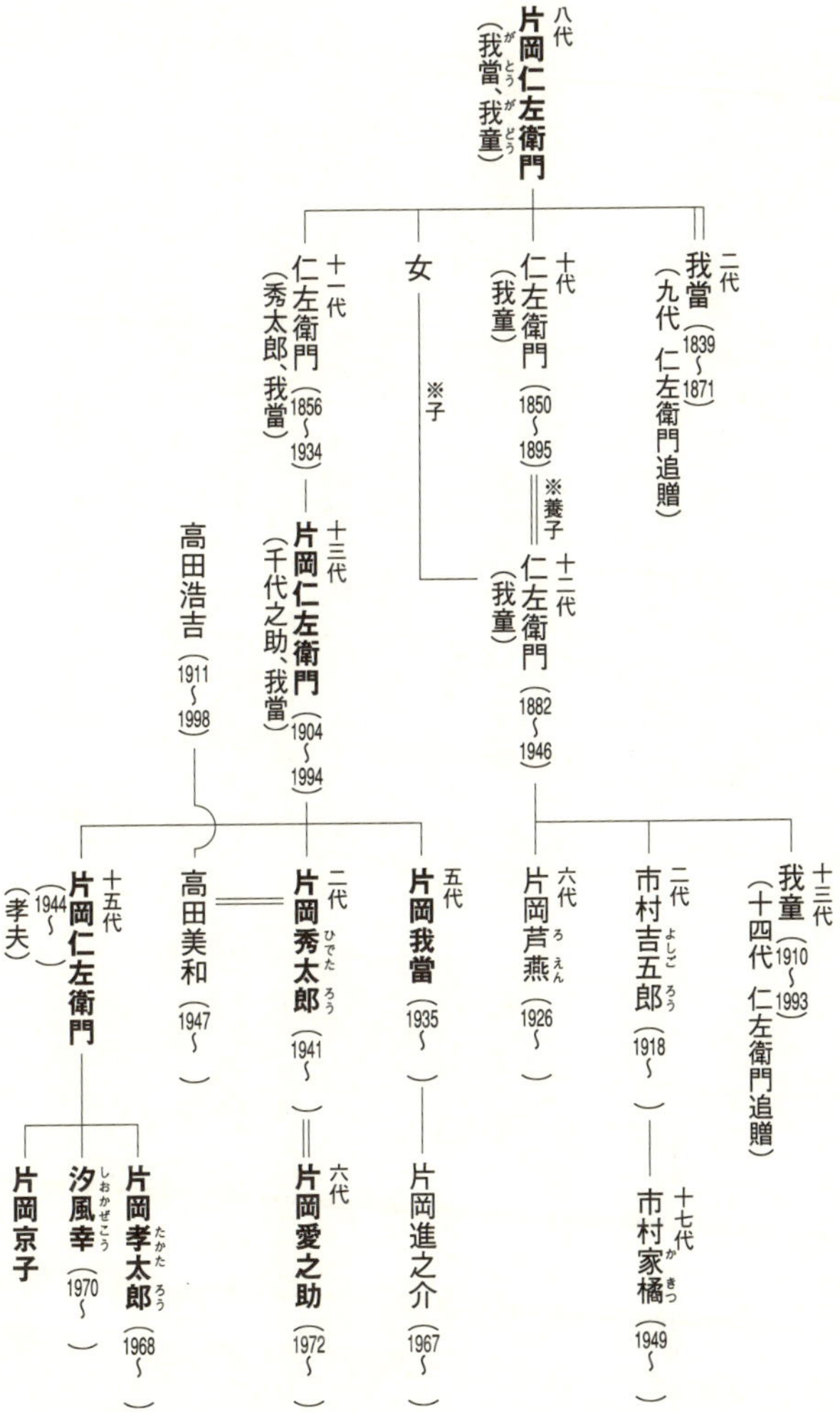

八代 片岡仁左衛門（我當、我童）
二代 我當（1839〜1871）（九代 仁左衛門追贈）
十代 仁左衛門（1850〜1895）（我童）
女
※子
十一代 仁左衛門（1856〜1934）（秀太郎、我當）
※養子
十二代 仁左衛門（1882〜1946）（我童）
十三代 片岡仁左衛門（1904〜1994）（千代之助、我當）
高田浩吉（1911〜1998）
十三代 我童（1910〜1993）（十四代 仁左衛門追贈）
二代 市村吉五郎（1918〜）
六代 片岡芦燕（1926〜）
五代 片岡我當（1935〜）
二代 片岡秀太郎（1941〜）
高田美和（1947〜）
十五代 片岡仁左衛門（1944〜）（孝夫）
十七代 市村家橘（1949〜）
片岡進之介（1967〜）
六代 片岡愛之助（1972〜）
片岡孝太郎（1968〜）
汐風幸（1970〜）
片岡京子

中村歌右衛門、芝翫の一族

中村歌右衛門は徳川期以来の歌舞伎の名跡。五代目は名女形として明治から昭和にかけて活躍、淀君役で名高い。屋号は三代目まで加賀屋、以降は成駒屋で、この歌右衛門以来、児太郎、福助、芝翫、歌右衛門と出世魚のように名が変わるが、その長男の五代目**中村福助**が若くして死んだため、次男が六代目**中村歌右衛門**となり、昭和の名女形として一世を風靡した（ともに養子説が有力である）。歌右衛門には妻はあったが子がなかったので三人の養子をとり、その一人が八代目中村福助となったが、五代福助の子が後を追うように児太郎、福助を経て七代目**中村芝翫**となり、その子が中村児太郎として名女形の萌芽を見せ始めると、六代目歌右衛門は成駒屋を兄の系統へ返すことにし、児太郎に九代目**中村福助**を譲らせ、福助は屋号を高砂屋とする大阪系の**中村梅玉**の名を継いだ。

梅玉は立役として活躍、また歌右衛門の他の養子は加賀屋を屋号とする**中村魁春**、**中村東蔵**がおり、東蔵の子が魁春の前名**中村松江**を継いで、成駒屋は芝翫、福助の系統に返され、将来、福助の、芝翫、歌右衛門襲名が予想される。

だが世間的には、大河ドラマ『毛利元就』で主演した弟**中村橋之助**の人気が高く、近年、中

■中村歌右衛門の一族

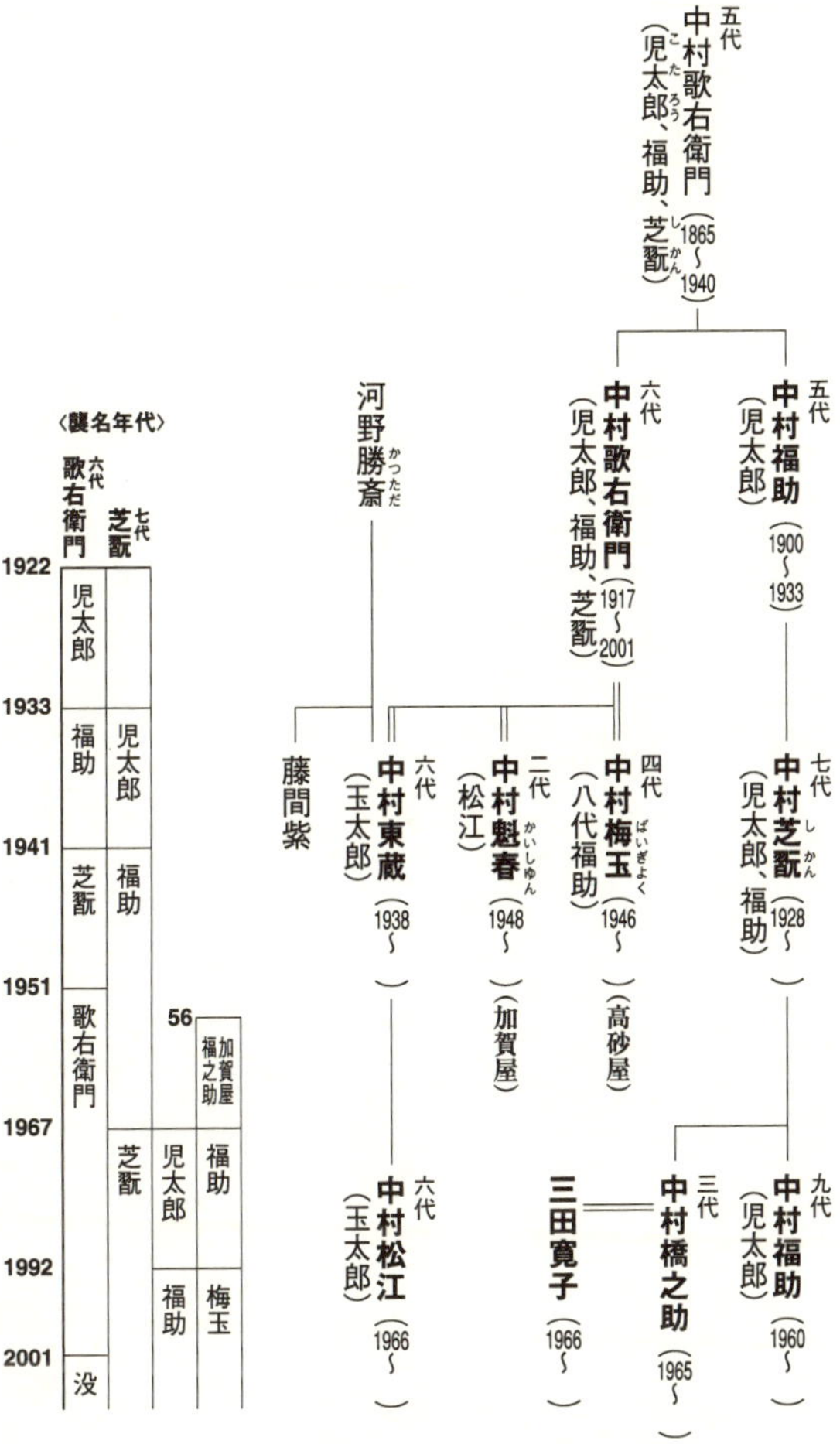
五代 中村歌右衛門（1865〜1940）
（児太郎、福助、芝翫）
五代 中村福助（1900〜1933）
（児太郎）
六代 中村歌右衛門（1917〜2001）
（児太郎、福助、芝翫）
河野勝斎
七代 中村芝翫（1928〜）
（児太郎、福助）
四代 中村梅玉（1946〜）（高砂屋）
（八代福助）
二代 中村魁春（1948〜）（加賀屋）
（松江）
六代 中村東蔵（1938〜）
（玉太郎）
藤間紫
九代 中村福助（1960〜）
（児太郎）
三代 中村橋之助（1965〜）
三田寛子（1966〜）
六代 中村松江（1966〜）
（玉太郎）
〈襲名年代〉
六代 歌右衛門
七代 芝翫
1922
1933
1941
1951
56
1967
1992
2001
児太郎
福助
芝翫
歌右衛門
没
児太郎
福助
芝翫
児太郎
福助
加賀屋福之助
福助
梅玉

堅の立役として優れた達成を示しており、筆者としては大名跡である市村羽左衛門の襲名を願っている。

市川猿之助、藤間紫、香川照之の一族

市川猿之助という名は古いものではなく、幕末に数人が名乗った記録があるが、明治期に名乗ったのを初代に数えている。屋号は澤瀉（おもだか）屋。明治四十三年、初代は長男に猿之助を譲って二代目市川段四郎を名乗ったが、この名は十七世紀に名乗った役者がある。二代目市川猿之助は本名喜熨斗（きのし）政泰、前名市川団子（だんこ）で、歌舞伎界の風雲児、劇壇の新人と呼ばれ、二代目市川左団次の自由劇場に参加、欧米視察を行い、春秋座（しゅんじゅうざ）を旗揚げし、新歌舞伎や新作舞踊を多く上演し、猿之助の名を一躍高めた。猿之助には、二代市川寿猿（じゅえん）、八代市川中車（ちゅうしゃ）、二代市川小太夫（こだゆう）といった弟たちがいたが、その母**喜熨斗古登子**（ことこ）は吉原の妓楼中米楼（なかごめろう）の娘で、のちに「吉原夜話」を語って新聞連載にしている。

昭和三十八年五月、七十五歳の猿之助はその名を孫の市川団子に譲り、自身は引退名の猿翁（えんおう）を名乗り、歌舞伎座で襲名披露を行ったが、その直後死去、しかも息子の三代目市川段四郎も同年十一月に死去するという悲運が澤瀉屋を襲った。

二十四歳で祖父と父を失った三代目**市川猿之助**は、慶応大学卒業、祖父の血を色濃く受け継ぐ歌舞伎界の風雲児となり、翌三十九年には「猿翁十種」を制定、また春秋会を主宰し、四十

三年、「義経千本桜・四の切」で、宙乗りを復活させ、以後長く猿之助の「けれん」の藝としてその人気を絶大なものとした。宙乗りは徳川時代の歌舞伎からあったものだが、近代化とともに半ば廃れていた。ただし宙乗りの発案者は猿之助ではなく演出家の戸部銀作である。さらにオペラの演出も手がけ、一九八六年、梅原猛脚本の「ヤマトタケル」以来、スーパー歌舞伎を創始し、今日に至っている。しかし猿之助のけれん歌舞伎は年長の歌舞伎俳優から異端視され、尾上松緑などは「喜熨斗サーカス」と呼んだ。二〇〇五年、国立劇場で宙乗りを演じた当代松緑は、宙乗り否定の家なのにやっていいのかと悩んだ、と冗談めかして語っていた。

　猿之助は宝塚歌劇出身の女優**浜木綿子**と結婚して男児を儲けたが離婚、その後、藤間流宗家藤間勘十郎の妻**藤間紫**との不倫で世間を騒がせたが、のち結婚した。紫は舞踊家のほかにも舞台女優として活動している。浜木綿子が育てた息子は、東大卒業後俳優となった**香川照之**で、独自の演技力で異彩を放っている。また猿之助の弟の四代目**市川段四郎**は、長く猿之助の補佐役的な立場にあったが、近年独立し、枯れた演技で進境を見せつつある。その子が、澤瀉屋の継承者となるはずの**市川亀治郎**で、二〇〇七年のNHK大河ドラマ『風林火山』の武田信玄役ですばらしい存在感を示しており、猿之助の演技者としての血を濃く感じさせる。猿之助の母の**高杉早苗**、妹の市川靖子は、いずれも女優だった。

　藤間流宗家勘十郎は、二代から五代まで女だったが、六代が男で、東京医科大学学長を務め

■市川猿之助の一族

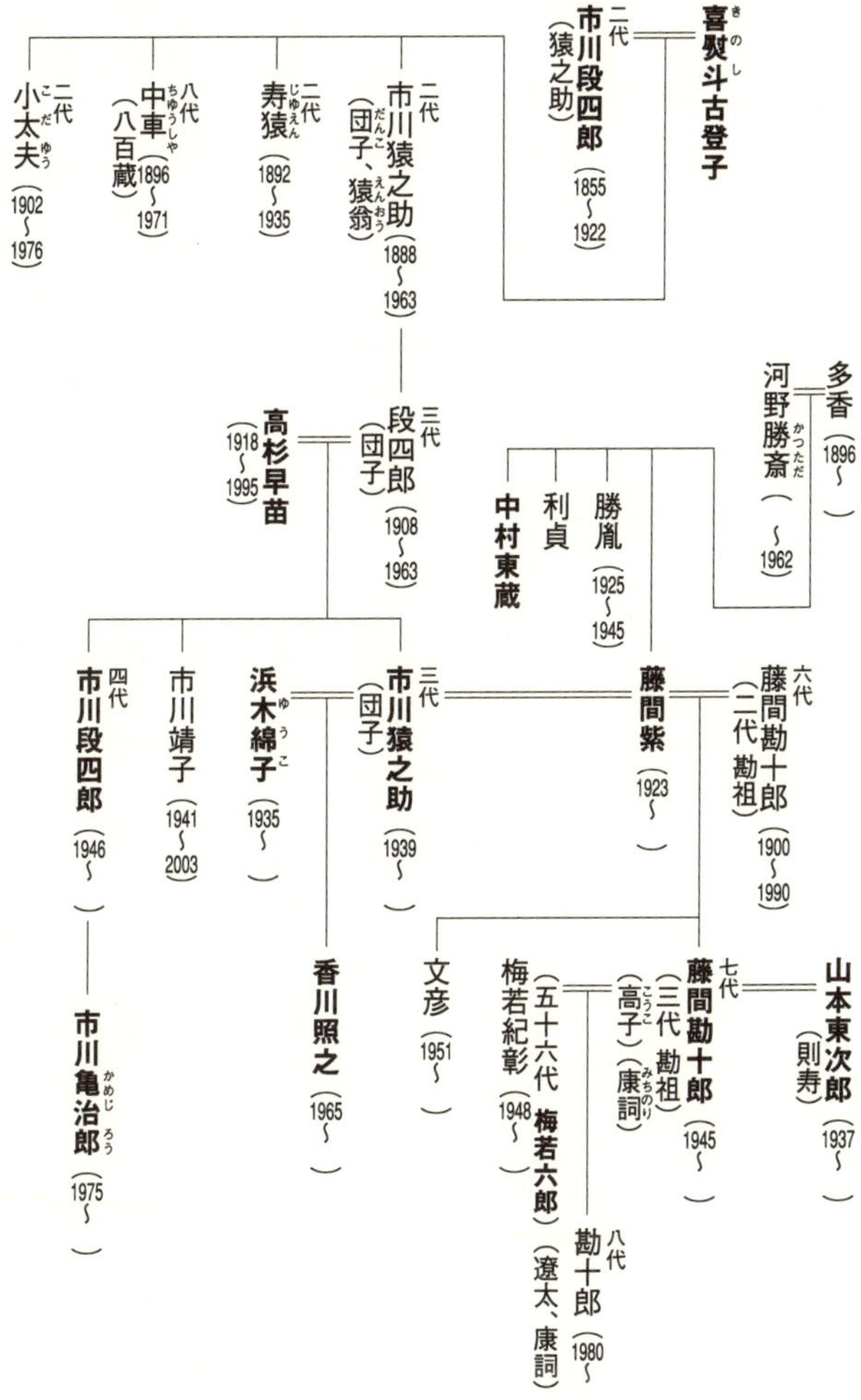

喜熨斗古登子
二代 市川段四郎（猿之助）（1855〜1922）
二代 市川猿之助（団子、猿翁）（1888〜1963）
二代 寿猿（1892〜1935）
八代 中車（八百蔵）（1896〜1971）
二代 小太夫（1902〜1976）
多香（1896〜）
河野勝斎（〜1962）
三代 段四郎（団子）（1908〜1963）
高杉早苗（1918〜1995）
勝胤（1925〜1945）
利貞
中村東蔵
六代 藤間勘十郎（二代 勘祖）（1900〜1990）
藤間紫（1923〜）
三代 市川猿之助（団子）（1939〜）
浜木綿子（1935〜）
市川靖子（1941〜2003）
四代 市川段四郎（1946〜）
山本東次郎（則寿）（1937〜）
七代 藤間勘十郎（三代 勘祖）（高子）（康詞）（1945〜）
梅若紀彰（五十六代 梅若六郎）（1948〜）
文彦（1951〜）
香川照之（1965〜）
市川亀治郎（1975〜）
八代 勘十郎（遼太、康詞）（1980〜）

た医師河野勝斎（かつただ）の娘紫と結婚、一男一女を儲けた。勝斎は古典藝能のパトロンで、その息子の一人は歌舞伎俳優の**中村東蔵**である。勘十郎は紫と離婚し、娘の藤間高子（こうこ）は狂言師の**山本東次郎**（当時山本則寿）と結婚したが、妻子ある観世流能楽師の梅若紀彰（現在五十六代**梅若六郎**）と交際の末男子出産、山本と離婚した。高子は舞踊名を藤間康詞（みちのり）といったが七代目**藤間勘十郎**を襲名、今ではその息子が八代目勘十郎となり、高子は勘祖を名乗っている。当代勘十郎はまだ二十代だが、子役として藤間遼太の名で大河ドラマ『独眼竜政宗』に出演、人気があった。

坂東三津五郎、玉三郎の一族

守田勘弥は、江戸三座の一つ守田（森田）座の座主の家柄である。その十二代は、守田家へ養子に入り、明治八年、座を移して新富座とし、末松謙澄の後援を得て、團十郎・菊五郎・左団次とともに演劇改良運動の旗頭となった。しかし負債を抱えて没し、その三男の十三代勘弥は父の借金のため新富座主の権利を失い、大正三年に研究劇団文藝座を興した。十四代は十三代の甥で養子に入り、坂東玉三郎、坂東志うかを経て昭和十年襲名、俳優として活躍し、国立劇場で片岡孝夫・坂東玉三郎のコンビを育てた。

十四代は一時期、新派の**水谷八重子**と結婚して生れたのが良重、現在の二代目水谷八重子である。八重子は姉の夫**水谷竹紫**の演劇運動に参加し、ために水谷を名乗り、花柳章太郎とともに新派の隆盛を支えた。十四代勘弥の養子が、絶大な人気を誇る女形五代目**坂東玉三郎**である。玉三郎名は、三代目は女が名乗ったが、その後海外へ渡り、長く消息不明だった。

守田勘弥家と坂東三津五郎家は関係が深く、勘弥の屋号は喜の字屋だが、坂東姓は大和屋で、玉三郎も大和屋である。十二代勘弥の子が七代**坂東三津五郎**、その養子が八代**坂東三津五郎**であり、八十助、簑助を経て三津五郎になるのが一般的だ。八代目はフグに中たって死に、しばらく途絶えたが、一九八七年、女婿の坂東簑助が九代目を継いだ。しかしそれから十二年で死去、息子で、坂東八十助として人気のあった当代**坂東三津五郎**がほどなく襲名した。なお坂東三津五郎は舞踊坂東流の家元名であり、こちらは途絶えることがないので、歌舞伎俳優として三津五郎を襲名する前から、九代目、十代目ともに舞踊の家元としては坂東三津五郎だった。また八代目の次女は商社員と結婚し、その娘が女優の**池上季実子**である。

■坂東三津五郎の一族

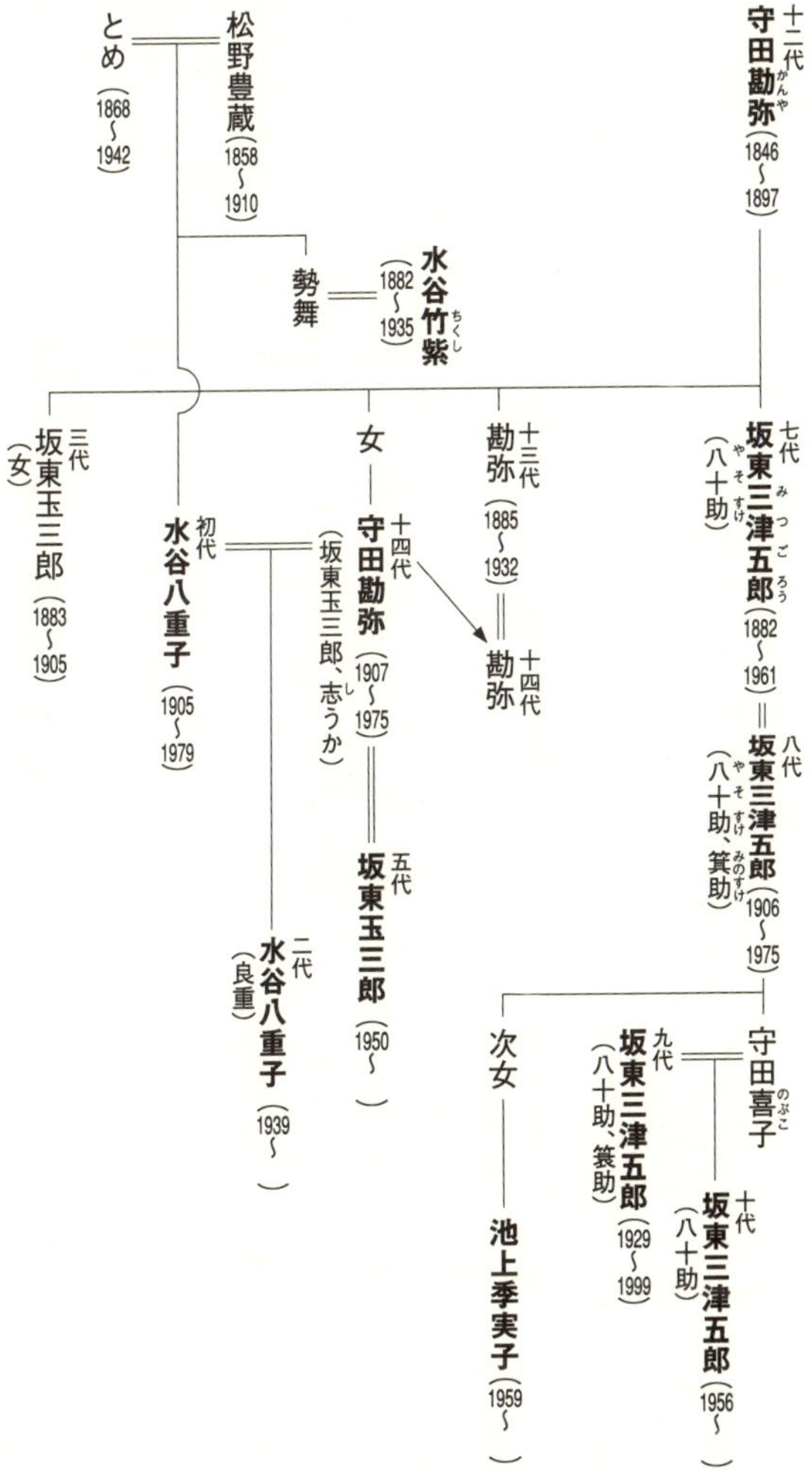
十二代 守田勘弥（1846～1897）
松野豊蔵（1858～1910）
とめ（1868～1942）
勢舞
水谷竹紫（1882～1935）
七代 坂東三津五郎（八十助）（1882～1961）
十三代 勘弥（1885～1932）
十四代 勘弥
女
十四代 守田勘弥（坂東玉三郎、志うか）（1907～1975）
初代 水谷八重子（1905～1979）
三代 坂東玉三郎（女）（1883～1905）
八代 坂東三津五郎（八十助、簑助）（1906～1975）
守田喜子
九代 坂東三津五郎（八十助、簑助）（1929～1999）
十代 坂東三津五郎（八十助）（1956～ ）
次女
池上季実子（1959～ ）
五代 坂東玉三郎（1950～ ）
二代 水谷八重子（良重）（1939～ ）

坂田藤十郎、中村玉緒の一族

中村鴈治郎(がんじろう)は、上方歌舞伎の大名跡だが、徳川時代以来のものではなく、明治から昭和にかけて活躍した初代によって大きくなったものである。初代の父中村翫雀が四代中村歌右衛門の弟子だったため、屋号は成駒屋。また姓は林。長男の二代林又一郎は不遇で、次男が二代目鴈治郎を襲名した。これも名優で、戦後よく映画に出演したが、その息子の扇雀は、戦後、女形として「女より綺麗」と言われて絶大な人気を誇り、武智鉄二(たけちてつじ)演出の武智歌舞伎で活躍した。その後、近松門左衛門の作品を中心に上演する近松座を旗揚げして関西歌舞伎の一方の雄となり、父の死後三代目鴈治郎を襲名したが、それから十五年、上方和事(わごと)の確立者とされる**坂田藤十郎**を襲名した。間に二人名乗った者があるので四代目とされ、屋号は山城屋になった。

藤十郎の妻は元宝塚歌劇のスター**扇千景**で、二人の子供を育て上げたあと政界に進出して自民党参議院議員を務め、保守党党首、参議院議長を務め、二〇〇七年に引退した。二人の息子は**中村翫雀**(かんじゃく)、**中村扇雀**を襲名し、翫雀は二〇〇七年、藝術院賞受賞。藤十郎の妹は女優の**中村玉緒**で、俳優**勝新太郎**の妻だった。勝は長唄の杵屋勝東治(きねやかつとうじ)の次男で、兄も俳優の**若山富三郎**。

林又一郎の子林敏夫も歌舞伎俳優だったが戦死、女優北見礼子との間にできた子が俳優の**林**

与一である。

また**中村富十郎**は、徳川時代中期に初代、二代目が女形として上方歌舞伎で活躍した名跡だが、二代坂東彦十郎の三男坂東鶴之助が昭和十八年に四代を襲名し、立女形として関西歌舞伎で活躍した。**吾妻徳穂**は藤間政弥（山田喜久枝）と十五代市村羽左衛門との間に生れ、舞踊家として藤間春枝と名乗ったが、十九歳の時、隣の楽屋の一つ年上の坂東一鶴（のちの四代富十郎）と一夜を過ごし、駆け落ちして結婚、二男をあげるが、三十歳の時内弟子の佐藤光次郎（藤間万三哉）と駆け落ち、離婚、長男は元夫の手元に残した。これが現在の**中村富十郎**で、坂東鶴之助時代には中村扇雀と並ぶ武智歌舞伎の看板俳優だった。ただし女形はやらない。屋号は天王寺屋。

徳穂は、羽左衛門が創始した舞踊吾妻流家元を継いで徳穂と名乗り、「アヅマカブキ」を上演するなどして、藝術院会員となった。富十郎が鶴之助のあと市村竹之丞を名乗ったのは羽左衛門の孫だからで、昭和二十五年、富十郎が吾妻徳隆を名乗り家元となり、徳穂は宗家となった。母の下で育った次男山田元靖（結婚に際し四代目は婿入り）の娘**吾妻徳彌**が、一九七八年、富十郎から家元を譲られた。

なお十五代市村羽左衛門は、明治初期、日本を訪れて外交顧問となった米国人、リ・ゼンドル（ル・ジャンドル、李仙得）の子だというのが通説である。

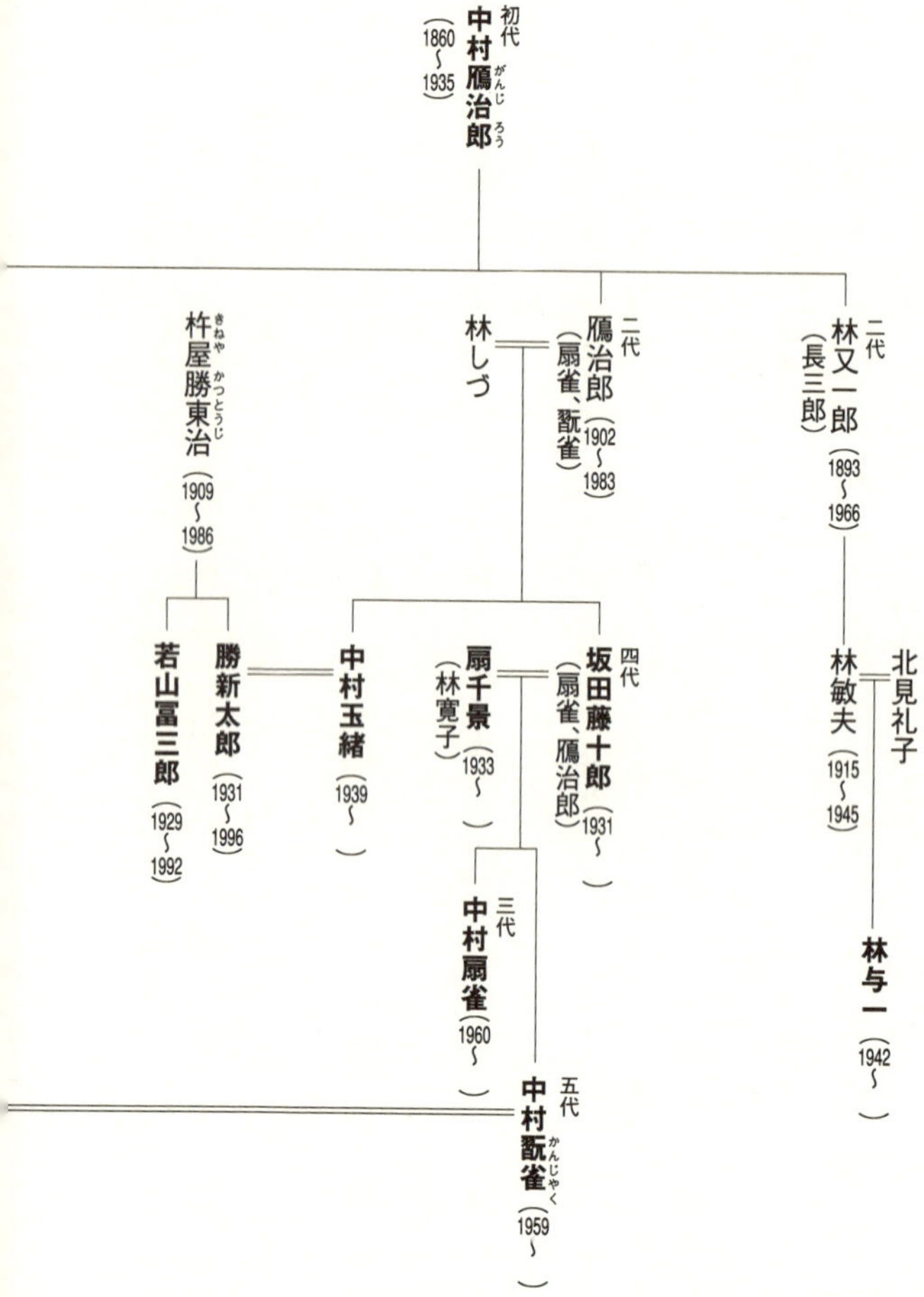

初代 中村鴈治郎（がんじろう）（1860〜1935）
二代 林又一郎（長三郎）（1893〜1966）
北見礼子
林敏夫（1915〜1945）
林与一（1942〜）
二代 鴈治郎（扇雀、翫雀）（1902〜1983）
林しづ
四代 坂田藤十郎（扇雀、鴈治郎）（1931〜）
扇千景（林寛子）（1933〜）
三代 中村扇雀（1960〜）
五代 中村翫雀（かんじゃく）（1959〜）
中村玉緒（1939〜）
杵屋勝東治（きねやかつとうじ）（1909〜1986）
勝新太郎（1931〜1996）
若山富三郎（1929〜1992）

■坂田藤十郎の一族

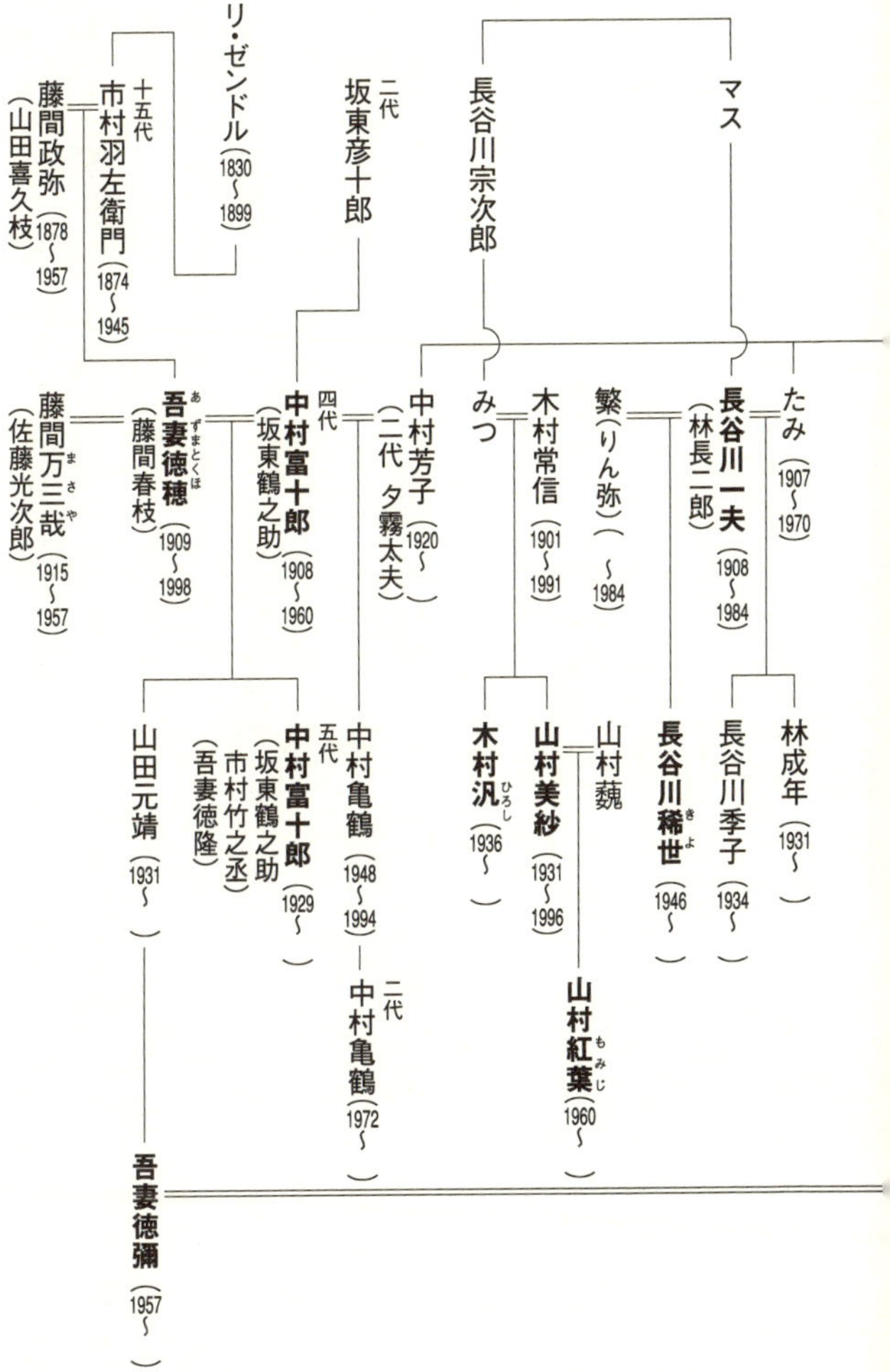
マス
長谷川宗次郎
二代 坂東彦十郎
リ・ゼンドル（1830〜1899）
十五代 市村羽左衛門（1874〜1945）
藤間政弥（山田喜久枝）（1878〜1957）
たみ（1907〜1970）
長谷川一夫（林長二郎）（1908〜1984）
繁（りん弥）（〜1984）
木村常信（1901〜1991）
みつ
中村芳子（二代 夕霧太夫）（1920〜）
四代 中村富十郎（坂東鶴之助）（1908〜1960）
吾妻徳穂（藤間春枝）（1909〜1998）
藤間万三哉（佐藤光次郎）（1915〜1957）
林成年（1931〜）
長谷川季子（1934〜）
長谷川稀世（1946〜）
山村魏
山村美紗（1931〜1996）
木村汎（1936〜）
中村亀鶴（1948〜1994）
五代 中村富十郎（坂東鶴之助 市村竹之丞）（1929〜）
（吾妻徳隆）
山田元靖（1931〜）
山村紅葉（1960〜）
二代 中村亀鶴（1972〜）
吾妻徳彌（1957〜）

中村芳子の姉であるたみと結婚したのが、映画俳優の**長谷川一夫**である。長谷川は庶子で父については二説ある。子供時代に歌舞伎に出演し、初代鴈治郎に認められ、林長二郎を名乗り、鴈治郎の末娘たみと結婚、俳優の林成年と長谷川季子を儲けたが、松竹から映画に出演して人気が出たところで、東宝が引き抜きのため母親に手付金を渡してしまい、心ならずも東宝に移籍し、長二郎の名を松竹に返して長谷川一夫と名乗った。その後、藝妓りん弥、本名繁と愛し合い**長谷川稀世**（きよ）を儲けたが、たみが離婚を承諾せず、離婚が成立して繁と入籍できたのは昭和三十二年だった。

　一夫の母の本家長谷川家の娘みつは、京大教授を務めた法学者木村常信に嫁ぎ、生れたのが作家の**山村美紗**と国際政治学者の**木村汎**（ひろし）、山村の娘が女優の**山村紅葉**（もみじ）だが、後半生、山村が推理作家の西村京太郎と隣同士に住んでいたことは有名である。

観世銕之丞、井上八千代の一族

一般に能楽と考えられているのは五流の能と言われるもので（他には地方の黒川能などがある）、観世、宝生、金剛、金春、喜多の五つであり、観世流は観阿弥、世阿弥親子の結崎座を継ぐものである。徳川時代、能は幕府の式楽とされ保護されたが、明治維新によって危機に陥り、その危機を乗り越え能を再生させようという努力の中から梅若実らの名人が出た。

観世流には、宗家のほかに、銕之丞家、京都禁裏御用の片山家がある。幕末の能楽師六代片山九郎右衛門の妻が、京舞井上流の三代**井上八千代**である。都をどりを事実上創設するなど井上流の隆盛の基を築き、百歳の長寿を保った。この夫婦の一人娘光子が、宗家の弟観世元義と結婚して生れたのが二十四代宗家・**観世左近**で、生後すぐ宗家の養嗣子となり、明治四十四年宗家を継ぎ、元滋、左近と改名、号は光雪。観世流謡本の刊行などによって観世流の拡大に努めた。その弟**片山博通**も優れた能楽師で、一時八代片山九郎右衛門を名乗った。雑誌『観世』を創刊。現在の宗家は二十六代**観世清和**。片山博通は三代の弟子四代目**井上八千代**と結婚、八千代は戦後藝術院会員、長命を保って一九九〇年文化勲章を受章した。その子が九代目片山九郎右衛門で、その娘三千子が、五代井上八千代を譲られた。

また五代観世銕之丞の長男**観世華雪**（かせつ）は六代銕之丞で、大正期に梅若万三郎らと梅若流を立てたが、のち観世流に復帰、七代銕之丞は弟の観世雅雪（がせつ）が養子となって譲られた。この雅雪に四男あり、三男は夭折したが、長男が名人**観世寿夫**（ひさお）で、戦後、能楽ルネッサンスの会、冥の会などに拠って他分野の演劇人と交流するほか、能楽研究にも尽くし、渡邊守章や鈴木忠志、武智鉄二らの演出するギリシャ悲劇にも出演した。妻は女優で、語りで知られる**関弘子**だが、寿夫は五十代で死去。次男**観世榮夫**（ひでお）は、一時期能を離れ、前衛的演劇活動を行っていたが、のち能に復帰した。映画などによく出るので、世間的には最も有名だったが、二〇〇七年死去した。妻は谷崎潤一郎の養女恵美子。

四男の静夫が、八代銕之丞を継いだが、その死後、息子暁夫が九代銕之丞となり、五代井上八千代と結婚した。片山家と井上流の結びつきは強かったが、ここで観世銕之丞家とも結びついたことになる。

■観世銕之丞の一族

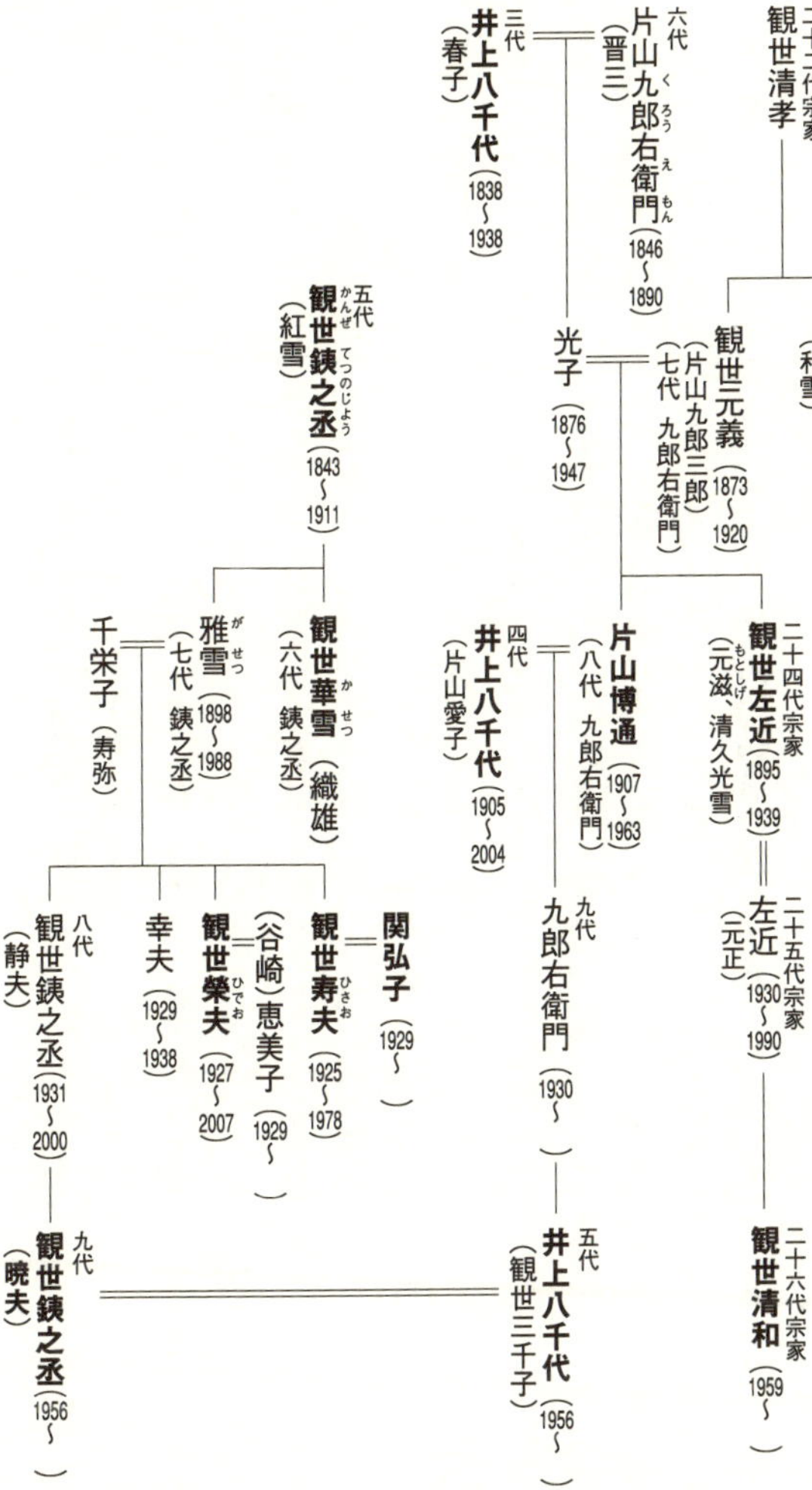
二十二代宗家 観世清孝
六代 片山九郎右衛門（晋三）（1846〜1890）
三代 井上八千代（春子）（1838〜1938）
二十三代宗家 観世清廉（和雪）（1867〜1911）
観世元義（片山九郎三郎 七代 九郎右衛門）（1873〜1920）
光子（1876〜1947）
五代 観世銕之丞（紅雪）（1843〜1911）
二十四代宗家 観世左近（元滋、清久光雪）（1895〜1939）
片山博通（八代 九郎右衛門）（1907〜1963）
四代 井上八千代（片山愛子）（1905〜2004）
観世華雪（六代 銕之丞）（織雄）
雅雪（七代 銕之丞）（1898〜1988）
千栄子（寿弥）
二十五代宗家 左近（元正）（1930〜1990）
九代 九郎右衛門（1930〜 ）
関弘子（1929〜 ）
観世寿夫（1925〜1978）
（谷崎）恵美子（1929〜 ）
観世榮夫（1927〜2007）
幸夫（1929〜1938）
八代 観世銕之丞（静夫）（1931〜2000）
二十六代宗家 観世清和（1959〜 ）
五代 井上八千代（観世三千子）（1956〜 ）
九代 観世銕之丞（暁夫）（1956〜 ）

野村万蔵、和泉元彌の一族

狂言師は、厳密に言うと能役者の一種で、シテ方、ワキ方、囃子方と並ぶ存在であり、能楽の中間部で物語を分かりやすく語るのが狂言方（アイ）の役割である。それが独立して滑稽を主とする間狂言を演じたのが、いま「狂言」と言われているもので、本来は、能についた芝居という意味で能狂言といい、歌舞伎でも演目のことは狂言、作者は狂言作者という。

能楽では、シテ方に五流、ワキ方に三流があり、狂言方には和泉流、大蔵流があり、もう一つの鷺流は明治時代に途絶えた。現在、大蔵流の代表的な狂言師は、山本東次郎家、茂山千作家であり、和泉流では野村家、三宅藤九郎家などがある。明治期、五代野村万造が活躍して狂言を中興し、その長男が六代**野村万蔵**となり、狂言を一般人にも親しめる伝統藝能として広めるために活動した（造、蔵いずれでも代数に数える）。長男の四代目万之丞、次男の**野村万作**がともに活動したが、マスコミ的には万作の人気が高かった。長男は七代万蔵を襲名したが、一九八〇年代から、狂言界では伝統派と革新派の確執が生まれ、万作の子野村武司は、演出家・フランス文学者の渡邊守章に見出されて一般演劇の舞台に立ち、人気が出ると、五代万蔵が引退後に名乗った万斎を名乗らせ、**野村萬斎**として映画やテレビドラマに積極的に出るよう

■野村万蔵の一族

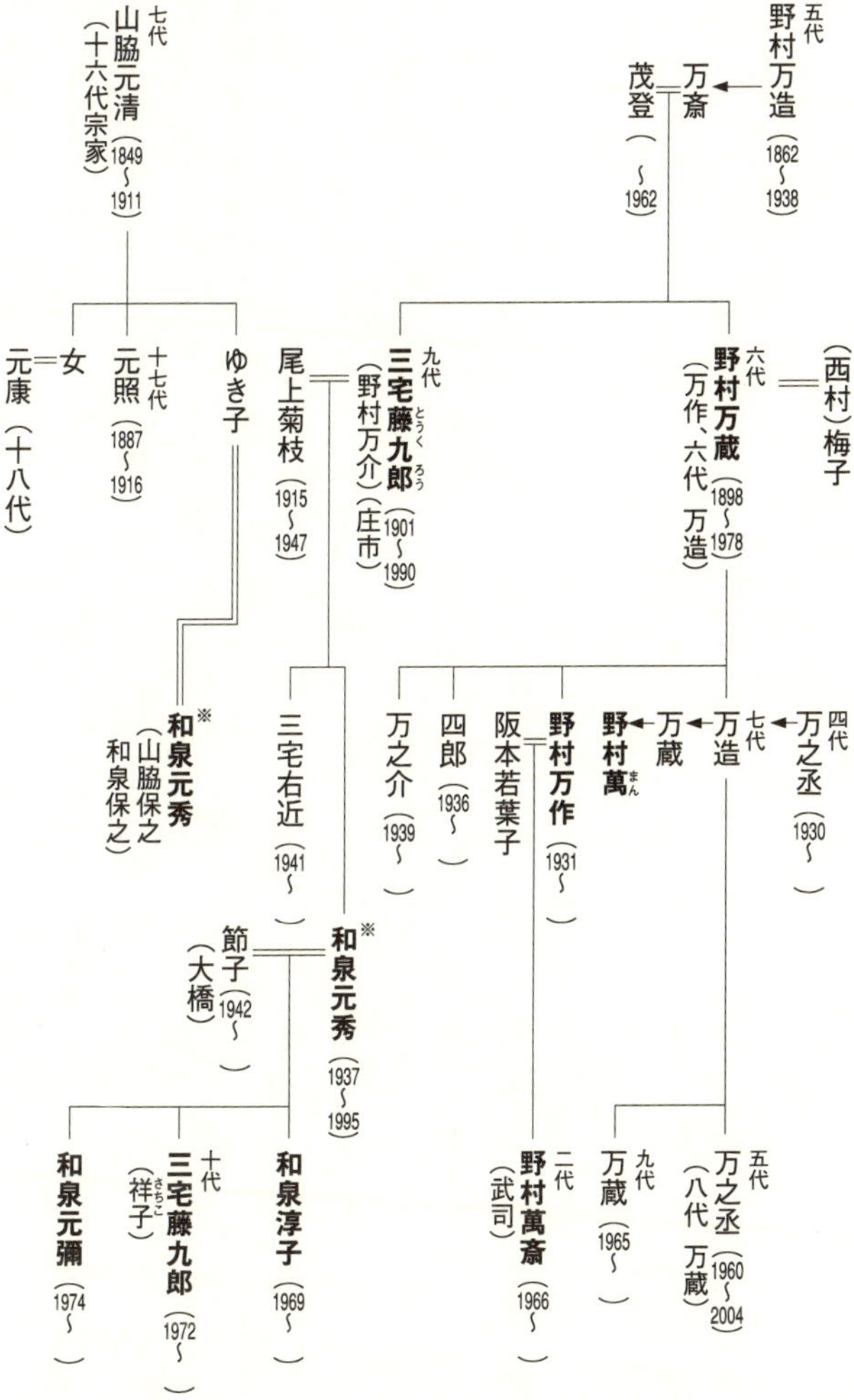
五代 野村万造（1862〜1938）
万斎
茂登（〜1962）
七代 山脇元清（十六代宗家）（1849〜1911）
（西村）梅子
六代 野村万蔵（万作、六代 万造）（1898〜1978）
九代 三宅藤九郎（野村万介）（庄市）（1901〜1990）
尾上菊枝（1915〜1947）
ゆき子
十七代 元照（1887〜1916）
女
元康（十八代）
四代 万之丞（1930〜）
七代 万造
万蔵
野村萬
野村万作（1931〜）
阪本若葉子
四郎（1936〜）
万之介（1939〜）
三宅右近（1941〜）
※和泉元秀（山脇保之 和泉保之）
※和泉元秀（1937〜1995）
節子（大橋）（1942〜）
五代 万之丞（八代 万蔵）（1960〜2004）
九代 万蔵（1965〜）
二代 野村萬斎（武司）（1966〜）
和泉淳子（1969〜）
十代 三宅藤九郎（祥子）（1972〜）
和泉元彌（1974〜）

になった。

野村万蔵は、長男の五代万之丞に万蔵を継がせる準備として**野村萬**を名乗ったが、二〇〇四年、万之丞が急死し、八代目を追贈した上で急遽弟に九代目を継がせた。万作の弟・野村四郎は能楽師、その弟野村万之介は狂言師。

六代万蔵の弟野村万介は、歌舞伎の世界で女で初めて名題となった尾上菊枝と結婚したのち、絶えていた三宅藤九郎家へ夫婦養子として入り、九代目**三宅藤九郎**となった。その長男三宅保之は、和泉流宗家で、絶えていた山脇家の養子となって十九代宗家となり、山脇保之を経て、流派名を用いて**和泉元秀**と名乗った。その弟は狂言師・三宅右近である。

元秀の長女と次女は、初の女性狂言師として派手に売り出した。長女は**和泉淳子**だが、次女和泉祥子は、十代**三宅藤九郎**を襲名して周囲を驚かせた。能楽師にはかねてから女性もいたが、狂言では初めてである。またその弟**和泉元彌**は、ハンサムであることもあって、テレビ、映画に出演し、大河ドラマ『北条時宗』の主役を務めたが、父の死後、他の狂言師らの了解を得ないまま和泉流宗家を名乗ったためトラブルとなり、能楽協会を除名され、一般の能・狂言に出演できなくなり、映画やドラマの俳優としてもぱっとせず、プロレスに出たりしている。

沢村貞子、津川雅彦の一族

沢村貞子(さだこ)は、長く映画の脇役女優として活躍していたが、一九七六年に出した随筆『私の浅草』が日本エッセイストクラブ賞をとり、これを原作としてNHK朝の連続ドラマ「おていちゃん」が放送され、エッセイストとして知られるようになった。沢村の兄は映画俳優の**沢村国太郎**で、弟はやはり名脇役だった**加東大介**、父は歌舞伎狂言作者の竹芝伝蔵である。加東の従軍記『南の島に雪が降る』は名著として読み継がれている。日本映画草創期の名監督**牧野省三**(しょうぞう)の娘で女優の**マキノ智子**が国太郎との間に儲けたのが、**長門**(ながと)**裕之**、**津川雅彦**の兄弟で、藝名はまちまちだがみな本姓は加藤である。長門も津川も子役として沢村アキオ、沢村マサヒコなどの藝名で映画出演していたが、長門は映画『太陽の季節』で主演、共演の**南田洋子**と結婚した。津川は長く二枚目俳優として数多くの映画に出演しつつ、さほど目立つ存在ではなかったが、一九八五年の『ひとひらの雪』での助演以来、好色で精力的な中年男を演じて次第に存在感を増し、今や重鎮俳優である。右翼的な思想の持ち主としても知られる。妻は元宝塚歌劇の女優**朝丘雪路**で、朝丘は日本画家**伊東深水**(しんすい)の娘だが、母は正妻ではなく、料亭「勝田」の娘で元藝者の勝田カツ。

牧野省三はマキノ映画を設立し、その子**マキノ雅弘（雅裕）**は膨大な数の時代劇映画を撮って一時代を築いた。妻は女優の**轟（とどろき）夕起子**。

■沢村貞子の一族

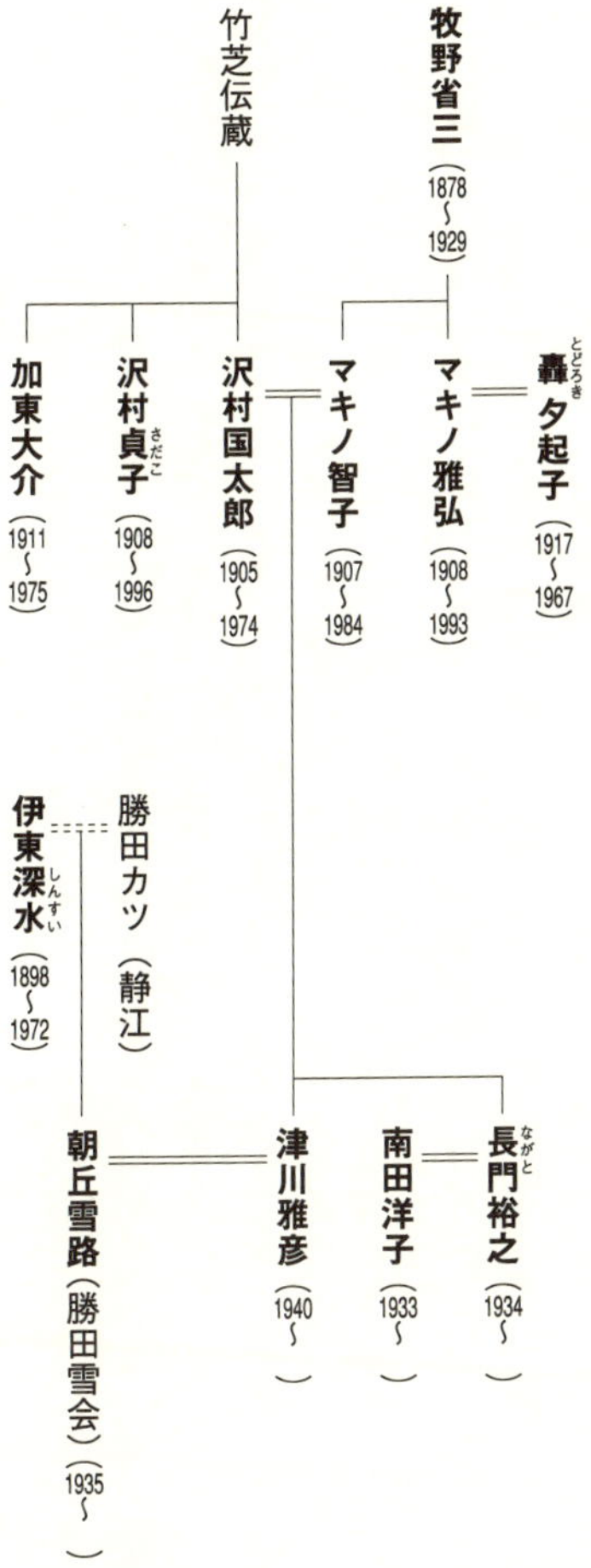

竹芝伝蔵
牧野省三（1878〜1929）
加東大介（1911〜1975）
沢村貞子（1908〜1996）
さだこ
沢村国太郎（1905〜1974）
マキノ智子（1907〜1984）
マキノ雅弘（1908〜1993）
轟夕起子（1917〜1967）
とどろき
伊東深水（1898〜1972）
しんすい
勝田カツ（静江）
朝丘雪路（勝田雪会）（1935〜　）
津川雅彦（1940〜　）
南田洋子（1933〜　）
長門裕之（1934〜　）
ながと

古今亭志ん生、志ん朝、中尾彬の一族

落語家・五代目**古今亭志ん生**は、昭和の名人とされる。ずっと貧苦に悩み、落語界から抜けたりしたが、戦後ようやくその声望が高まり、八代目桂文楽と併称されるようになったが、文楽を正統派、志ん生を破格型とする見方は、筆者には納得できず、正統派はむしろ六代目三遊亭円生で、文楽も志ん生も変則型だと思っている。落語協会会長を務めた。

その長男が十代目**金原亭馬生**で、筆者はこの一家の中ではもっとも好きな落語家である。大酒家で、五十代で没した。落語協会副会長を務めた。

次男の三代目**古今亭志ん朝**は、若いころから古今亭朝太の名でテレビで活躍していたが、落語に専念するようになってから、絶大な人気を博し、二十世紀最大の落語家とまで言われた。しかしその藝風は志ん生とは対照的で、明瞭な口跡と立て板に水の語りで、近代落語の一つの型を作ったと言えよう。ただ筆者は、志ん生と逆に、あまりにフラのなさ過ぎる志ん朝落語は、時に落語特有の暗さの欠如を感じる。志ん生襲名については、馬生生前から、人気抜群の志ん朝が継ぐと言われていたが、遂に襲名しないまま没した。三遊亭円生とともに、大きすぎて継ぎ手がいない名跡である。

■古今亭志ん生の一族

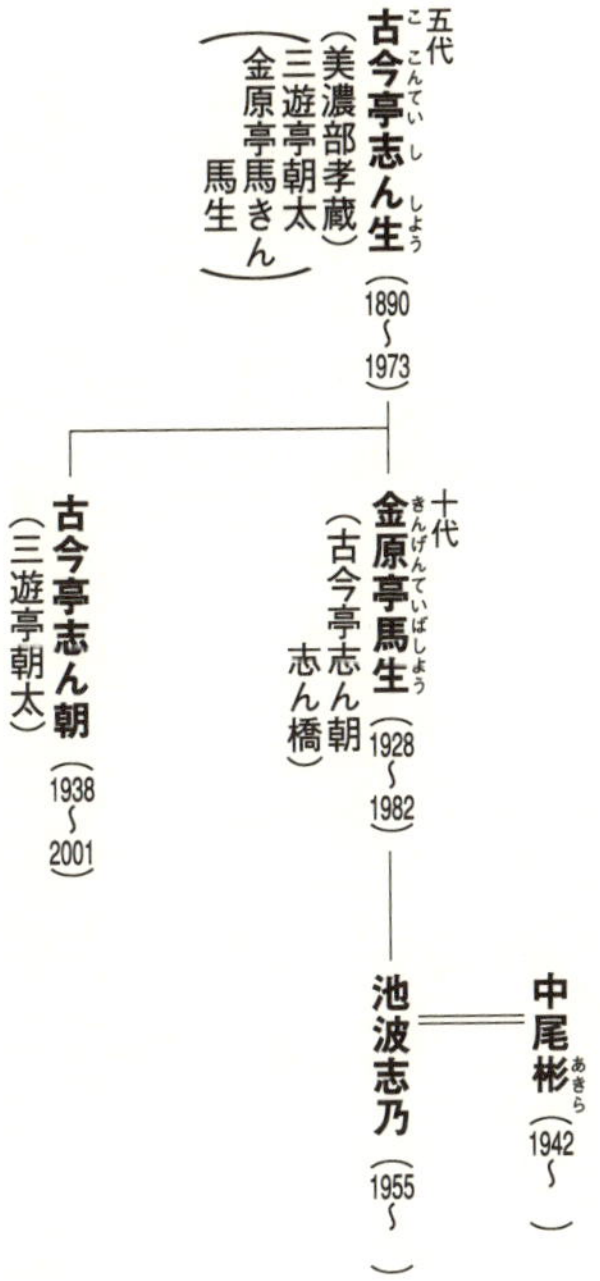
五代
古今亭志ん生
（美濃部孝蔵）
（三遊亭朝太
金原亭馬きん
馬生）
（1890〜1973）
十代
金原亭馬生
（古今亭志ん朝
志ん橋）
（1928〜1982）
古今亭志ん朝
（三遊亭朝太）
（1938〜2001）
池波志乃
（1955〜 ）
中尾彬
（1942〜 ）

馬生の娘が女優の**池波志乃**で、夫は俳優の**中尾彬**（あきら）である。

林家三平、春風亭小朝の一族

昭和期落語界の異端児で爆笑王といわれた**林家三平**は、七代目**林家正蔵**の長男である。七代目は柳家三語楼の弟子で、大正十三年、柳家小三治を襲名したが、三語楼が落語協会を脱退したため、柳家から小三治の名を返すよう要求され、昭和五年、正蔵を襲名。しかし昭和二十四年、死去。若くして父に死なれた三平は、橘家円蔵に師事、その翌年、九代目小三治が小さんを襲名するに際して、不満を抱いた蝶花楼馬楽を宥めるため八代目正蔵を継がせ、三平は爆笑王として大衆の人気を得たが、父の名を継げないまま五十五歳で死去、正蔵はその名を海老名家に返して彦六を名乗った。三平の死によって、円蔵門下の弟弟子の月の家円鏡が橘家円蔵を襲名した。

三平の死後、夫人の**海老名香葉子**はエッセイストとして活躍、また長女**海老名美どり**はタレントで、俳優の**峰竜太**と結婚、次女は**泰葉**の名でシンガーソングライターをしていたが、落語家の**春風亭小朝**と結婚して引退した。長男は林家小三平の名で子役として活動していたが、父に落語家として弟子入りし、林家こぶ平を名乗り、林家木久蔵に師事した。実力の点から、小朝の正蔵襲名も噂されたが、二〇〇五年、こぶ平が九代目**林家正蔵**を名乗った。八代目は名人だったため、最後の名は彦六だったが、一般に八代目正蔵とされている。また小朝は八代目の弟子である春風亭柳朝の弟子だが、兄弟子に春風亭一朝がいることと、小朝の名で記憶されているためか、一朝の弟子が柳朝を襲名してしまった。

　落語の世界はもともとそれほど世襲の強い世界ではないが、近年の落語界では、小三治が継ぐと思われていた六代目小さんを、明らかに実力に乏しい五代目の息子が継ぐなど、悪しき世襲制が広まりつつあり、小朝や笑福亭仁鶴のように、大衆に覚えられた名を変えたくないために襲名を辞退する例も多く、名跡の取り扱いに乱れがみられる。

■林家三平の一族

- 七代 林家正蔵（柳家小三治）（1894〜1949）
  - 林家三平（1925〜1980）＝海老名香葉子（かよこ）（1933〜）
    - 海老名美どり（みどり）（1953〜）＝峰竜太（1952〜）
    - 泰葉（やすは）（1961〜）＝春風亭小朝（こあさ）（1955〜）
    - 九代 林家正蔵（小三平、こぶ平）（1962〜）
    - 林家いっ平（1970〜）

参考文献

第一章

大久保利通の一族

『父吉田茂』麻生和子(一九九三)・光文社文庫・二〇〇七

福沢諭吉の一族

『福沢桃介翁伝』福沢桃介翁伝記編纂所・一九三九／『財界の鬼才：福沢桃介の生涯』宮寺敏雄・四季社・一九五三／『激流の人：電力王福沢桃介の生涯』矢田弥八・光風社書店・一九六八：福沢桃介さんと私(松永安左エ門)・福沢桃介年譜／『電力王福沢桃介』堀和久・ぱる出版・一九八四／『鬼才福沢桃介の生涯』浅利佳一郎・日本放送出版協会・二〇〇〇／『福沢山脈』小島直記(一九七三)・河出文庫・一九八九／『冥府回廊』杉本苑子(一九八四)・文春文庫・一九八五／『中上川彦次郎伝』白柳秀湖・岩波書店・一九四〇／『中上川彦次郎の華麗な生涯』砂川幸雄・草思社・一九九七／『藤山雷太伝』西原雄次郎編・藤山愛一郎・一九三九年／『政治わが道　藤山愛一郎回想録』藤山愛一郎・一九七六・朝日新聞社／『人間長岡外史』戸田大八郎・大空社・一九九四／『私の軽井沢物語』文化出版局・一九八五、『私の巴里物語』文化出版局・一九八九、『私の東京物語』文化出版局、一九九八、以上、朝吹登水子著／『ある家族の肖像――朝吹家の人々　明治・大正・昭和』朝吹登水子編・アトリエ出版社・一九八七／『文集朝吹三吉』朝吹三吉・新潮社・一九九四／『朝吹英一ローズウッド60年』島田博・日本木琴協会・一九八三／『流転七十五年―オペラと恋の半生』藤原義江(一九七四)・日本図書センター・一九九八／『我があき子抄』藤原義江・毎日新聞社・一九六七／『漂泊者のアリア』(藤原義江伝)古川薫(一九九〇)・文春文庫・一九九三／『わがまま いっぱい名取洋之助』三神真彦(一九八八)・ちくま文庫・一九九二／『名取洋之助の時代』中西昭雄・朝日新聞社・一九八一／『限りない想いを歌に

——私の履歴書』石井好子・日本経済新聞社・一九九一／『回想八十八年』石井光次郎・カルチャー出版・一九七六

犬養毅の一族

『父の映像』犬養健他（一九三六）・筑摩叢書・一九八八／『お嬢さん放浪記』犬養道子（一九五八）・中公文庫・一九七八／『花々と星々と』犬養道子（一九七〇）・中公文庫・一九七四／『松本順自伝・長与専斎自伝』・平凡社（東洋文庫）・一九八〇／『長与又郎伝』長与博士記念会（一九四四）・大空社・一九九八／『長与善郎』岩淵兵七郎・長与善郎（評伝・人と作品）刊行委員会・一九八八／『愛すること愛されること』安藤和津（一九九二）・講談社文庫・二〇〇〇

近衛文麿の一族

『近衛文麿』岡義武・岩波新書・一九七二／『近衛文麿』矢部貞治（一九五二）・光人社NF文庫・一九九三／『近衛篤麿公』工藤武重（一九三八）・大空社・一九九七／『近衛篤麿』山本茂樹・ミネルヴァ書房・二〇〇一／『近衛秀麿——日本のオーケストラをつくった男』大野芳・講談社・二〇〇六／『夢顔さんによろしく』西木正明（一九九九）・文春文庫・二〇〇二／『情報天皇に達せず』細川護貞・同光社磯部書房・一九五三／『細川日記』細川護貞（一九七八）・中公文庫・一九七九

鳩山一郎の一族

『鳩山の一生』鳩山春子（一九二九）・大空社・一九九七／『人間の記録　鳩山春子——我が自叙伝』鳩山春子（一九二九）・日本図書センター・一九九七／『鳩山一郎回顧録』・文芸春秋新社・一九五七／『若き血の清く燃えて——鳩山一郎から薫へのラブレター』鳩山一郎、川手正一郎編・講談社・一九九六／『鳩山一郎・薫日記』伊藤隆、季武嘉也編・中央公論新社・一九九九／『英才の家系——鳩山一郎と鳩山家の人々』豊田穣（一九八九）・講談社

文庫・一九九六

渋沢栄一の一族

『雄気堂々』城山三郎（一九七二）・新潮文庫・一九七六／『渋沢家三代』佐野眞一・文春新書・一九九八／『父・渋沢敬三』渋沢雅英・実業之日本社・一九六六／『尾高惇忠』荻野勝正・さきたま出版会・一九八四／『穂積歌子日記』穂積重行編・みすず書房・一九八九／『澁澤龍彦との日々』澁澤龍子・白水社・二〇〇五／『澁澤龍彦の少年世界』澁澤幸子・集英社・一九九七／『新文藝読本　澁澤龍彦』・河出書房新社・一九九三／『おにいちゃん――回想の澁澤龍彦』矢川澄子・筑摩書房・一九九五

牛肉屋いろはの木村一族

『いろはの人びと』北荻三郎・文化出版局・一九七八／『魔の宴』木村艸太（一九五〇）・日本図書センター・一九九〇／『木村荘八全集　第七巻　自伝的随筆』・講談社・一九八二／『仏印・泰・印象記』木村彩子（一九四三）・ゆまに書房・二〇〇二

堤康次郎の一族

『堤康次郎』由井常彦編著・リブロポート・一九九六／『ミカドの肖像』猪瀬直樹（一九八六）・小学館文庫・二〇〇五

團琢磨の一族

『男爵団琢磨伝』故団男爵伝記編纂委員会（一九三八）・ゆまに書房・一九九八／『パイプのけむり』團伊玖磨・全二十六巻、朝日新聞社・一九六五―二〇〇一

小澤開作の一族

『父を語る』小澤征爾編・中央公論事業出版・一九七二／『昭和に死す――森崎湊と小沢開作』松本健一・新潮社・一九八八／『ボクの音楽武者修業』小澤征爾（一九六二）・新潮文庫・一九八〇／『やわらかな兄征爾』小澤幹雄・芸術現代社・一九八五／『おわらない夏』小澤征良（二〇〇二）・集英社文庫・二〇〇五

第二章

坪内逍遥の一族

『坪内逍遥事典』逍遥協会編著・平凡社・一九八六／『父　逍遥の背中』飯塚くに、小西聖一編（一九九四）・中公文庫・一九九七／『越しかた九十年』坪内士行・青蛙房・一九七七

森鷗外の一族

『晩年の父』小堀杏奴（一九三六）・岩波文庫・一九九二／『朽葉色のショール』小堀杏奴（一九七一）・講談社文芸文庫・二〇〇三／『父親としての森鷗外』森於菟（一九五五）・ちくま文庫・一九九三／『鷗外の子供たち』森類（一九五六）・ちくま文庫・一九九五／『森家の人びと』森類・三一書房・一九九八／『父の帽子』森茉莉（一九五七）・講談社文芸文庫・一九九一／『祖父・小金井良精の記』星新一（一九七四）・河出文庫・二〇〇四／『明治・父・アメリカ』星新一（一九七五）・新潮文庫・一九七八／『星新一　一〇〇一話をつくった人』最相葉月・新潮社・二〇〇七

夏目漱石の一族

『夏目漱石』小宮豊隆(一九三八)・岩波文庫・一九八六―八七／『破船』久米正雄(一九二三)・『久米正雄全集第五巻』本の友社・一九九三／『漱石の思ひ出』夏目鏡子述、松岡譲記(一九二八)・文春文庫・一九九四／「父を語る」『文藝』夏目純一、中島健蔵・一九五四、六月／『父・夏目漱石』夏目伸六(一九五六)・文春文庫・一九九二／『父・漱石とその周辺』夏目伸六・芳賀書店・一九六七／『漱石の孫のアメリカ』松岡陽子マックレイン・新潮社・一九八四／『評伝　松岡譲』関口安義・小沢書店・一九九一／『漱石先生ぞな、もし』半藤一利(一九九二)・文春文庫・一九九六／『夏目家の糠みそ』半藤末利子(二〇〇〇)・PHP文庫・二〇〇三／『漱石の孫』夏目房之介(二〇〇三)・新潮文庫・二〇〇六

幸田露伴の一族

『幸田露伴』塩谷賛(一九六五―六八)・中公文庫・一九七七／『北洋の開拓者　郡司成忠大尉の挑戦』豊田穣・講談社・一九九四／『凡人の半生』幸田成友・共立書房・一九四八／『幸田姉妹』萩谷由喜子・ショパン・二〇〇三／『露伴の俳話』高木卓・講談社学術文庫・(『人間露伴』の改題)・一九九〇／『父・こんなこと』幸田文(一九四八)・新潮文庫・一九五五／『小石川の家』青木玉(一九九四)・講談社文庫・一九九八／『ハリネズミの道』青木奈緒(一九九八)・講談社文庫・二〇〇一

徳富蘇峰の一族

『蘆花徳冨健次郎』中野好夫・筑摩書房・一九七二―七四／『われ弱ければ――矢嶋楫子伝』三浦綾子(一九八九)・小学館文庫・一九九九／『徳富蘇峰』米原謙・中公新書・二〇〇三／『徳富蘇峰』早川喜代次(一九六八)・大空社・一九九一／『横井小楠』松浦玲(一九七六)・朝日選書(増補改訂版)・二〇〇〇／『横井小楠』圭室諦成・吉川弘文館(人物叢書)・一九六七／『横井小楠』徳永洋・新潮新書・二〇〇五／『廃娼ひとすじ』久布白落実(一九七二)・中公文庫・一九八二／『久布白落實』高橋喜久江・大空社・二〇〇一／『竹崎順子』徳冨蘆花(一九二三)・『徳冨蘆花集第十六巻』日本図書センター・一九

九九／『湯浅治郎』湯浅三郎（一九三二）・大空社・一九九二／『わが母――伝記・徳富久子／家庭に活く――徳富蘇峰夫人 伝記・徳富静子』徳富蘇峰、斎藤弔花・大空社・一九九五／『父海老名弾正』大下あや・主婦の友社・一九七五

高浜虚子の一族

『父・高浜虚子』池内友次郎・永田書房・一九八九／『いのちの声』遠藤郁子・海竜社・一九九四

岸田國士の一族

『岸田国士と私』・古山高麗雄・新潮社・一九七六／『不死蝶 岸田森』小幡貴一、小幡友貴編・ワイズ出版・二〇〇〇

巖谷小波の一族

『波の跫音―巖谷小波伝』巖谷大四（一九七四）・文春文庫・一九九三

河竹黙阿弥の一族

『黙阿弥』河竹登志夫（一九九三）・文春文庫・一九九六／『作者の家――黙阿弥以後の人びと』河竹登志夫（一九八〇）・岩波現代文庫・二〇〇一

第三章

島崎藤村の一族

『藤村の思ひ出』島崎静子・中央公論社・一九五〇／『藤村私記』島崎蓊助・河出書房・一九六七／『島崎蓊助自伝』加藤哲郎、島崎爽助編・平凡社・二〇〇二／『父藤村の思い出と書簡』島崎楠雄・藤村記念館・二〇〇二／『島崎藤村の秘密』西丸四方・有信堂・一九六六／『島崎藤村辞典』伊東一夫・新訂版、明治書院・一九八二／『藤村をめぐる女性たち』伊東一夫・国書刊行会・一九九八／『島崎こま子の「夜明け前」』梅本浩志・社会評論社・二〇〇三／『彷徨記――狂気を担って』西丸四方・批評社・一九九一

永井荷風の一族

『永井荷風伝』秋庭太郎・春陽堂・一九七六／『風樹の年輪』永井威三郎・俳句研究社・一九六八／『父荷風』永井永光・白水社・二〇〇五／『間違えずにうたえる歌をおぼえなさい』高見恭子・ダイヤモンド社・二〇〇三

佐藤紅緑の一族

『花はくれない――小説佐藤紅緑』佐藤愛子（一九六七）・講談社文庫・一九七六／『女優万里子』佐藤愛子（一九七四）・集英社文庫・一九七九／『血脈』佐藤愛子（二〇〇一）・文春文庫・二〇〇五／『佐藤紅緑』『近代文学研究叢書　66』・昭和女子大学・一九九二／「サトウ・ハチロー年譜」『少年小説大系21』・三一書房・一九九六／「佐藤愛子年譜」『戦いすんで日が暮れて』・講談社文庫・一九七四／「鈴木春山」『森銑三著作集　第五巻』森銑三・中央公論社・一九七一

與謝野鉄幹・晶子の一族

『君も雛罌粟われも雛罌粟』渡辺淳一（一九九六）・文春文庫・一九九九／『晶子と寛の思い出』与謝野光・思文閣出版・一九九一／『想い出――わが青春の與謝野晶子』與謝野迪子（一九七四）・三水社・一九八四／「一外交官の思い出のヨーロッパ」与謝野秀・筑摩書房・1981.10／『姑の心、嫁の思い――義母・与謝野晶子との会話』与謝野道子・PHP研究所・一九八八

萩原朔太郎の一族

『伝記萩原朔太郎』嶋岡晨・春秋社・一九八〇／『父・萩原朔太郎』萩原葉子（一九五九）・中公文庫・一九七九／『蕁麻の家』萩原葉子（一九七六）・講談社文芸文庫・一九九七／『小綬鶏の家』萩原葉子、朔美・集英社・二〇〇一

有島武郎の一族

『安城家の兄弟』里見弴（一九三二）・岩波文庫・一九五三／『父の書斎』有島行光（森雅之）（一九四三）・筑摩叢書・一九八九／『父有島武郎と私』神尾行三・右文書院・一九九七

谷崎潤一郎の一族

『谷崎潤一郎伝』小谷野敦・中央公論新社・二〇〇六／『倚松庵の夢』谷崎松子（一九六七）・中公文庫・一九七九／『懐しき人々』谷崎終平・文藝春秋・一九八九／『兄潤一郎と谷崎家の人々』林伊勢・九藝出版・一九七八／『祖父　谷崎潤一郎』渡辺たをり（一九八〇）・中公文庫・二〇〇三／『谷崎潤一郎＝渡辺千萬子　往復書簡』（二〇〇一）・中公文庫・二〇〇六

芥川龍之介の一族

『芥川龍之介新辞典』関口安義編・翰林書房・二〇〇三／『追想　芥川龍之介』芥川文述、中野妙子記（一九七五）・中公文庫・一九八一／『双影　芥川龍之介と夫比呂志』芥川瑠璃子・新潮社・一九八四／『影灯籠　芥川家の人々』芥川瑠璃子・人文書院・一九九一／『青春のかたみ　芥川三兄弟』芥川瑠璃子・文藝春秋・一九九三／『気むずかしやのハムレット　素顔の父芥川比呂志』芥川耿子・主婦と生活社・一九八九／『女たちの時間　芥川家四代

の女性たち』芥川耿子・広済堂出版・一九九二／『芥川龍之介あれこれ思う孫娘より』芥川麻実子・サンケイ出版・一九七七

寺田寅彦の一族

『寺田寅彦覚書』山田一郎・岩波書店・一九八一／『父・寺田寅彦』寺田東一他　太田文平編・くもん出版・一九九二／『流離譚』安岡章太郎（一九八一）・講談社文芸文庫・二〇〇〇／『別役実の世界』・新評社・一九八二

小山内薫の一族

『小山内薫』小山内富子・慶應義塾大学出版会・二〇〇五／『若き日の小山内薫』岡田八千代（一九四〇）・日本図書センター・一九八七／『私の半自叙伝』藤原英了・新宿書房・一九八三／『建築家の履歴書』蘆原義信・岩波書店・一九九八

第四章

太宰治の一族

『回想の太宰治』津島美知子（一九七八）・人文書院　増補改訂版・一九九七／『津島家の人びと』秋山耿太郎、福島義雄（一九八一）・ちくま学芸文庫・二〇〇一／『母の万年筆』太田治子（一九八四）・朝日文庫・一九八七／『心映えの記』太田治子（一九八五）・中公文庫・一九八七

川端康成の一族

『川端康成とともに』川端秀子・新潮社・一九八三／『伝記川端康成』進藤純孝・六興出版・一九七六

野上彌生子の一族

『野上豊一郎・野上弥生子往復書簡』宇田健編・岩波書店・一九九五／『作家の自伝44　野上弥生子』助川徳是解説・日本図書センター・一九九七／『野上弥生子逸話』フンドーキン醤油株式会社・http://www.fundokin.co.jp/yaeko/yaeko.html

島尾敏雄の一族

『島尾敏雄事典』島尾ミホ、志村有弘編・勉誠出版・二〇〇〇／『死の棘』（一九七七）・新潮文庫・一九八一、『日の移ろい』・正続（一九七六―八六）・中公文庫・一九八九、『死の棘日記』・新潮社・二〇〇五、以上島尾敏雄著／『海辺の生と死』島尾ミホ（一九七四）・中公文庫・一九八七／『月の家族』（一九九七）・角川文庫・二〇〇二、『星の棲む島』岩波書店・一九九八、以上島尾伸三著

武田泰淳の一族

『武田泰淳伝』川西政明・講談社・二〇〇五／『百合子さんは何色』村松友視（一九九四）・ちくま文庫・一九九七

福永武彦の一族

「トルストイと私」原久一郎・毎日新聞社・一九七二／「福永武彦・死と信仰」福永貞子、源高根、加賀乙彦・『國文學』・一九八〇年七月

檀一雄の一族

『リツ子・その愛』『リツ子・その死』檀一雄・新潮文庫・一九五〇／『火宅の人』檀一雄（一九七五）・新潮文庫・一九八一／『檀』沢木耕太郎（一九九五）・

新潮文庫・二〇〇〇／『檀一雄の光と影――「恵子」からの発信』入江杏子・文藝春秋・一九九九／『父の縁側、私の書斎』檀ふみ（二〇〇四）・新潮文庫・二〇〇六

吉行淳之介の一族

『淳之介の背中』吉行文枝・港の人・二〇〇四／『淳之介さんのこと』宮城まり子（二〇〇一）・文春文庫・二〇〇三／『「暗室」のなかで』（一九九五）・河出文庫・一九九七、『「暗室」日記』・河出書房新社・一九九八、『「暗室」のなかの吉行淳之介』日本文芸社・二〇〇四、以上、大塚英子著／『梅桃が実るとき』吉行あぐり（一九八六）・文春文庫・一九九八／『母・あぐりの淳への手紙』吉行あぐり・文園社・一九九八／『あぐり白寿の旅』吉行あぐり、吉行和子・集英社・二〇〇六／『どこまで演れば気がすむの』（一九八三）・潮文庫・一九八五、『兄・淳之介と私』・潮出版社・一九九五、以上、吉行和子著／『吉行エイスケとその時代』吉行和子、齋藤愼爾編・東京四季出版・一九九七

永井路子の一族

「母、永井智子と荷風」『東京人』永井路子、川本三郎・二〇〇〇年四月号

村松梢風の一族

『鎌倉のおばさん』村松友視（一九九七）・新潮文庫・二〇〇〇

千田是也の一族

『劇白千田是也』藤田富士男監修・オリジン出版センター・一九九五／『伊藤道郎』ヘレン・コールドウェル著、中川鋭之助訳・早川書房・一九八五／

『伊藤道郎・世界を舞う』藤田富士男・武蔵野書房・一九九二

新田次郎の一族

『お天気博士藤原咲平』和達清夫他編著・NHKブックス・一九八二／『渦・雲・人――藤原咲平伝』根本順吉・筑摩書房・一九八五／『流れる星は生きている』藤原てい（一九四九）・中公文庫・一九七六／『わが夫新田次郎』藤原てい・新潮社・一九八一／『小説に書けなかった自伝』新田次郎・新潮社・一九七六／『若き数学者のアメリカ』（一九七七）・新潮文庫・一九八一、『父の旅私の旅』・新潮社・一九八七、『父の威厳　数学者の意地』（一九九四）・新潮文庫・一九九七、以上、藤原正彦著

大江健三郎の一族

『日常生活の冒険』（一九六四）・新潮文庫・一九七一、『取り替え子』（二〇〇〇）・講談社文庫・二〇〇四、『憂い顔の童子』（二〇〇二）・講談社文庫・二〇〇五、以上大江健三郎著／『ヨーロッパ退屈日記』（一九六五）・文春文庫・一九七六、『自分たちよ！』（一九八三）・文春文庫・一九八八、以上伊丹十三著

小林秀雄の一族

『わが従兄・小林秀雄』西村孝次・筑摩書房・一九九五／『小林秀雄とともに』西村貞二・求龍堂・一九九四／『ぼくののらくろ』田河水泡・講談社・一九八四／『兄小林秀雄との対話』（一九六八）・講談社現代新書・一九七〇、『のらくろひとりぼっち』（一九八三）・光人社NF文庫・一九九六、『兄小林秀雄』・新潮社・一九八五、以上高見澤潤子著／『白洲正子自伝』（一九九四）・新潮文庫・一九九九／『風の男白洲次郎』青柳恵介（一九九〇）・新潮文庫・二〇〇〇／『白洲次郎　占領を背負った男』北康利・講談社・二〇〇五

江藤淳の一族

『一族再会　第一部』（一九七三）・講談社文芸文庫・一九八八、『妻と私・幼年時代』（一九九九）・文春文庫・二〇〇一、以上、江藤淳著

角川源義の一族

『角川源義の時代』鎗田清太郎・角川書店・一九九五／『わが心の出版人――角川源義・古田晁・臼井吉見』加藤勝代・河出書房新社・一九八八／『角川春樹の功罪』山北真二（一九七九）・東京経済・一九九三

第五章

箕作阮甫の一族

『箕作麟祥君伝』大槻文彦・丸善・一九〇七／『箕作阮甫』呉秀三（一九一四）・思文閣・一九七一／『箕作秋坪とその周辺』治郎丸憲三・箕作秋坪伝記刊行会・一九七〇／『洋学者箕作阮甫とその一族』木村岩治・日本文教出版・一九九四／『動物学者箕作佳吉とその時代』玉木存・三一書房・一九九八

本居宣長の一族

『温故知新――小津三百三十年のあゆみ』小津三百三十年史編纂委員会編・小津商店・一九八三／『小津安二郎と20世紀』千葉伸夫・国書刊行会・二〇〇三／『イギリス・ルネサンス――詩と演劇――小津次郎教授還暦記念論集』・紀伊國屋書店・一九八〇／『本居宣長』村岡典嗣（一九一一）・平凡社・東洋文庫・二〇〇六／『やちまた』足立巻一（一九七四）・朝日文芸文庫・一九九五／『本居大平の生涯』玉村禎祥・近畿文化誌刊行会・一九八七／『十五

夜お月さん――本居長世人と作品』金田一春彦・三省堂・一九八二

柳田國男の一族

『父との散歩』堀三千・人文書院・一九八〇／『松岡五兄弟』・姫路文学館・一九九二／『柳田国男の光と影――佐々木喜善物語』山田野理夫・農山漁村文化協会・一九七七／『雑読系』坪内祐三・晶文社・二〇〇三

羽仁五郎の一族

『羽仁もと子――半生を語る』羽仁もと子（一九五五）・日本図書センター・一九九七／『私の育てた三人の子』羽仁説子・あすなろ書房・一九六六／『自伝的戦後史』羽仁五郎（一九七六）・講談社文庫・一九七八／『ゼロ歳の記録』羽仁進、左幸子・朝日新聞社・一九六五／『自由学園物語』羽仁進・講談社・一九八四／『大人になった娘との対話――話しにくい年頃　男として何を教えるか』羽仁進・ベストセラーズ・一九八三／『ネコの父へ人間のミオより』羽仁進、羽仁未央・潮出版社・一九七八／『親が知らない娘の本』羽仁未央・青春出版社（プレイブックス）・一九八三／『きのこの巨人森喜作』藪孝平・富民協会・一九七四

湯川秀樹の一族

『湯川秀樹』桑原武夫他編・日本放送出版協会・一九八四／『旅人――ある物理学者の回想』湯川秀樹（一九五八）・角川文庫・一九六〇／「年譜」『貝塚茂樹著作集　第十巻』・中央公論社・一九七八／「年譜」『小川環樹著作集　第五巻』・筑摩書房・一九九七

梅原猛の一族

『学問のすすめ』梅原猛（一九七九）・角川文庫・一九八一／『平凡の中の非凡』梅原半二、猛編・佼成出版社・一九九〇

後藤新平の一族

『後藤新平伝』鶴見祐輔（一九三七）・太平洋協会出版部・一九四四／『後藤新平伝』星亮一・平凡社・二〇〇五／『大風呂敷――後藤新平の生涯』杉森久英（一九六五）・毎日新聞社・一九九九／『鶴見和子の世界』河合隼雄他・藤原書店・一九九九／『安場保和伝』安場保吉編・藤原書店・二〇〇六／『友情の人鶴見祐輔先生』私家版・北岡寿逸編・一九七五

中野好夫の一族

『父中野好夫のこと』中野利子・岩波書店・一九九二／『仙台「晩翠草堂」の顛末』中野好之・御茶の水書房・一九八八／「学閥との闘争30年」芳賀檀・『新潮』・一九五七　五月／「芳賀矢一の遺志について」芳賀檀・『國學院雑誌』・一九五八／『芳賀幸四郎年譜』『芳賀幸四郎歴史論集　第五巻』・思文閣出版・一九八一／『母・円地文子』富家素子・新潮社・一九八九

第六章

市川團十郎の一族

『きのね』宮尾登美子（一九九〇）・新潮文庫・一九九九／『海老蔵そして團十郎』関容子（二〇〇四）・文春文庫・二〇〇七／『幸四郎三国志』千谷道雄・文芸春秋・一九八一／『高麗屋の女房』藤間紀子・毎日新聞社・一九九七／『松緑芸話』尾上松緑（一九八九）・講談社文庫・一九九二／『私事――死んだつもりで生きている』中村雀右衛門・岩波書店・二〇〇五

※なお歌舞伎全般について、『演劇界増刊　歌舞伎俳優名鑑』（演劇出版社）の何版か、『歌舞伎俳優名跡便覧』（服部幸雄監修、国立劇場）を参照した。

尾上菊五郎の一族

『残菊物語』村松梢風（一九四六）・角川文庫・一九五六／『尾上菊五郎』戸板康二・毎日新聞社・一九七三／『体内時計』寺島しのぶ・主婦と生活社・二〇〇三

市川左団次の一族

「左団次自伝」二代市川左団次（一九三六）・『日本人の自伝　20』・平凡社・一九八一／『俺が噂の左団次だ』四代目市川左団次・ホーム社・一九九四／『時の光の中で』浅利慶太・文藝春秋・二〇〇四／「水木京太」・昭和女子大学『近代文学研究叢書　64』・一九九一／『劇団四季と浅利慶太』松崎哲久・文春新書・二〇〇二

中村吉右衛門の一族

『中村吉右衛門』小宮豊隆（一九六二）・岩波現代文庫・二〇〇〇／『三世中村時蔵』利倉幸一・演劇出版社・一九六一／『勘三郎の天気』山川静夫（一九八八）・文春文庫・一九九四／『中村屋三代記』中村勘九郎（一九九五）・集英社文庫・一九九八／『菊日和――母の日記が語る父との恋とあの頃の東京の暮らし』波乃久里子・雄山閣・二〇〇五／『わが人生悔いなくおごりなく』萬屋錦之介・東京新聞出版局・一九九五／『親父の涙　萬屋錦之介』島英津夫、淡路恵子・集英社・一九九九

片岡仁左衛門の一族

『役者七十年』朝日新聞社・一九七六、『菅原と忠臣蔵』向陽書房・一九八一、『とうざいとうざい』自由書館・一九八四、『芝居譚』河出書房新社・一九九二、以上、十三代片岡仁左衛門著／『花のひと――孝夫から仁左衛門へ』宮辻政夫・毎日新聞社・一九九九／『歌舞伎修業――片岡愛之助の青春』松島まり乃・日本放送出版協会、生活人新書・二〇〇二

中村歌右衛門の一族

『女形の運命』渡辺保（一九七四）・岩波現代文庫・二〇〇二／『六世中村歌右衛門』三島由紀夫編・講談社・一九五九

市川猿之助の一族

『市川猿之助』（猿翁）『私の履歴書　文化人10』日本経済新聞社・一九八四／『そして始まり』藤間高子・あすか書房・一九八七／『修羅のはざまで』藤間紫・婦人画報社・一九九二

坂東三津五郎の一族

『守田勘弥』木村錦花・新大衆社・一九四三／『女優一代』水谷八重子（一九六六）・『人間の記録14』・日本図書センター・一九九七／『戯場戯語』八代坂東三津五郎・中央公論社・一九六八

坂田藤十郎の一族

『鴈治郎自伝』初代中村鴈治郎・『日本人の自伝20』（一九三五）・平凡社・一九八一／『中村鴈治郎一生青春』三代中村鴈治郎・演劇出版社・一九九七／『できることできないこと』扇千景・世界文化社・二〇〇一／『小説長谷川一夫』山村美紗（一九八五）・文春文庫・一九八九／『女でござる』・読売新聞

社・一九七八、『踊って躍って八十年』・読売新聞社・一九八八、『女三味芸三昧』・婦人画報社・一九九〇、以上吾妻徳穂著／『羽左衛門伝説』里見弴・毎日新聞社・一九五五／『女流作家』西村京太郎（二〇〇〇）・朝日文庫・二〇〇二

観世銕之丞の一族

『幽玄——観世寿夫の世界』渡邊守章編・リブロポート・一九八〇／『三世井上八千代——京舞井上流家元 祇園の女風土記』遠藤保子・リブロポート・一九九三／『井上八千代芸話』（四代）片山慶次郎・河原書店・一九六七／『観世華雪芸談』沼艸雨・檜書店・一九六〇／『花は心——観世華雪・雅雪・寿夫』銕仙会編・白水社・一九九〇／『華より幽へ——観世榮夫自伝』・白水社・二〇〇七

野村万蔵の一族

『狂言の道』野村万蔵（六代）（一九五五）・『人間の記録8』日本図書センター・一九九九／『狂言師——人間国宝三宅藤九郎』井上喜代司写真・講談社・一九八五／『狂言でござる　対談集』和泉元秀・講談社・一九八五／『狂言を観る』和泉元秀・講談社・一九八三／『太郎冠者を生きる』野村万作（一九八四）・白水社Uブックス・一九九一／『萬斎でござる』野村萬斎（一九九九）・朝日文庫・二〇〇一／『和泉流宗家に嫁いで』和泉節子・河出書房新社・二〇〇二／『和泉流宗家として』和泉元彌・ベストセラーズ（ベスト新書）・二〇〇一／『女性狂言師でござる』和泉淳子、三宅藤九郎・廣済堂出版・一九九九

沢村貞子の一族

『私の浅草』沢村貞子（一九七六）・新潮文庫・一九八七／『わたしの脇役人生』沢村貞子（一九八七）・新潮文庫・一九九〇／『南の島に雪が降る』加東大介（一九六一）・光文社知恵の森文庫・二〇〇四／『カツドウ屋一代　伝記・牧野省三』マキノ雅弘（一九六八）・大空社・一九九八／『映画渡世』マキノ

雅弘(一九七七)・ちくま文庫・一九九五/『雪の結晶』朝丘雪路・読売新聞社・一九九五

古今亭志ん生の一族

『びんぼう自慢』古今亭志ん生(小島貞二記)(一九六四)・ちくま文庫・二〇〇五/『なめくじ艦隊』古今亭志ん生(一九五六)・ちくま文庫・一九九一/
『カミさんの食卓』中尾彬・朝日新聞社・一九九九

林家三平の一族

『ことしの牡丹はよい牡丹』海老名香葉子(一九八三)・文春文庫・一九八九/『苦悩する落語』春風亭小朝・光文社カッパブックス・二〇〇〇/『九代正蔵襲名』九代林家正蔵・近代映画社・二〇〇五

写真協力

国立国会図書館(P15、19、23、27、35、46、53、69、79、83、95(右)、101、107、115、188、192、197)
津山洋学資料館(P161)
読売新聞社(P151)
日本近代文学館(右記以外)

系図作成

(有)美創

著者略歴

小谷野敦
こやのあつし

一九六二年生まれ。

比較文学者・東京大学非常勤講師。東京大学英文学科卒、同大学院比較文学比較文化専攻博士課程修了。学術博士。

著書に『もてない男』『バカのための読書術』(ともにちくま新書)、『〈男の恋〉の文学史』(朝日選書)、『聖母のいない国』(青土社、第24回サントリー学芸賞受賞)、『すばらしき愚民社会』(新潮文庫)、『恋愛の昭和史』(文藝春秋)、『谷崎潤一郎伝』(中央公論新社)などがある。近年小説も書き、二〇〇七年八月に『悲望』(小社)を上梓した。

幻冬舎新書 056

日本の有名一族

近代エスタブリッシュメントの系図集

二〇〇七年九月三十日 第一刷発行

著者 小谷野敦

発行者 見城徹

発行所 株式会社 幻冬舎
〒一五一-〇〇五一東京都渋谷区千駄ヶ谷四-九-七
電話 〇三-五四一一-六二一一(編集)
〇三-五四一一-六二二二(営業)
振替 〇〇一二〇-八-七六七六四三

ブックデザイン 鈴木成一デザイン室

印刷・製本所 図書印刷株式会社

Printed in Japan ISBN978-4-344-98055-6 C0295

こ-6-1

幻冬舎ホームページアドレス http://www.gentosha.co.jp/

*この本に関するご意見・ご感想をメールでお寄せいただく場合は、comment@gentosha.co.jp まで。